"十二五"职业教育国家规划教材
经全国职业教育教材审定委员会审定

汽车维修技术

主　编　于志友
参　编　李贵宽

机械工业出版社
CHINA MACHINE PRESS

本书是经全国职业教育教材审定委员会审定的"十二五"职业教育国家规划教材。本书内容包括：汽车维修技术概述，汽车整车维护与检查，汽车发动机整机及各系统元件的检查与调整，汽车底盘附件及各系统元件的检查、调整与更换等。本书在详细介绍汽车维修技术理论知识的基础上，侧重介绍汽车维修技术项目实训，具有较强的实际指导意义。

本书依据实际维修经验，设置了54个教学活动，内容全部来源于汽车维修现场，可用作高等职业学校、中等职业学校、高级技工学校、技师学院汽车类各专业教学用书，也可供汽车维修人员和各类汽车技术人员参考。

为方便教学，本书配有电子课件，选择本书作为教材的教师可登录www.cmpedu.com 免费注册下载，或来电（010-88379865）索取。

图书在版编目（CIP）数据

汽车维修技术/于志友主编. —北京：机械工业出版社，2015.8
（2025.1重印）
"十二五"职业教育国家规划教材
ISBN 978-7-111-50283-8

Ⅰ.①汽… Ⅱ.①于… Ⅲ.①汽车-车辆修理-中等专业学校-教材 Ⅳ.①U472.4

中国版本图书馆 CIP 数据核字（2015）第 103970 号

机械工业出版社（北京市百万庄大街22号　邮政编码100037）
策划编辑：曹新宇　　　责任编辑：曹新宇　贺贵梅
责任校对：陈　越　　　封面设计：张　静
责任印制：邓　博
北京盛通数码印刷有限公司印刷
2025年1月第1版第8次印刷
184mm×260mm·11印张·268千字
标准书号：ISBN 978-7-111-50283-8
定价：28.00元

凡购本书，如有缺页、倒页、脱页，由本社发行部调换

电话服务	网络服务
服务咨询热线：010-88379833	机 工 官 网：www.cmpbook.com
读者购书热线：010-88379649	机 工 官 博：weibo.com/cmp1952
	教育服务网：www.cmpedu.com
封底无防伪标均为盗版	金 书 网：www.golden-book.com

前 言

本书是根据教育部《关于中等职业教育专业技能课教材选题立项的函》（教职成司 [2012] 95 号），由全国机械职业教育教学指导委员会和机械工业出版社联合组织编写的"十二五"职业教育国家规划教材。

为了适应社会经济发展和汽车运用与维修等相关专业技能型紧缺人才培养的需求，本书较详尽地介绍了汽车维修思路，汽车维修项目目的、相关知识、实训操作步骤及相关案例，汽车维修项目相关验收标准及故障诊断技能。为了适应学生毕业后适应岗位技能的需求，教材内容反映目前汽车新技术、新工艺，对现代汽车维修项目实训设备的原理与使用方法也进行了较为详细的介绍。

全书共分为 4 个单元：汽车维修技术概述，汽车整车维护与检查，汽车发动机整机及各系统元件的检查与调整，汽车底盘附件及各系统元件的检查、调整与更换。教材内容符合汽车维修工国家职业标准。

本书理论联系实际，突出技能实训内容，图文并茂。同时，力求信息丰富、层次清晰、重点突出、实用性强。编排方式采用项目式的体系结构，每个项目采用源自汽车维修一线的实用作业项目，每个项目下分若干任务，每个任务包括任务目标、任务描述、知识储备和任务实施。复杂任务又分为若干个教学活动，每个教学活动包括检测工具设备准备、操作步骤和检测验收标准。

本书由于志友主编，参与编写的还有李贵宽。本书经全国职业教育教材审定委员会审定，评审专家对本书提出了宝贵的建议，在此对他们表示衷心的感谢！在编写过程中，编者参阅了国内外出版的有关教材和资料，在此一并表示衷心感谢！

限于编者水平有限，书中错误与不足之处在所难免，恳请广大读者批评与指正。

编 者

目　录

前言
单元一　汽车维修技术概述 ………………………………………………………… 1
项目一　现代汽车维修行业概况 ………………………………………………… 2
任务　参观现代汽车维修企业并了解现代汽车维修行业概况 ………………… 2
 教学活动　参观现代汽车维修企业，了解现代汽车维修行业概况 ………… 3
项目二　汽车维修常见工具和设备 ……………………………………………… 5
任务　汽车维修通用工具和设备的认识 ………………………………………… 5
 教学活动　认识汽车维修通用工具和设备 ………………………………… 12

单元二　汽车整车维护与检查 …………………………………………………… 15
项目一　汽车整车维护 ………………………………………………………… 16
任务一　汽车发动机各工作介质的检视、补给或更换 ……………………… 16
 教学活动1　更换汽车发动机机油 ………………………………………… 18
 教学活动2　补给发动机冷却液 …………………………………………… 20
 教学活动3　补给与检查风窗玻璃洗涤液 ………………………………… 22
任务二　汽车底盘各工作介质的检视、补给或更换 ………………………… 22
 教学活动1　检查与更换汽车变速器油 …………………………………… 24
 教学活动2　检查与更换自动变速器油 …………………………………… 25
 教学活动3　检查与更换制动液 …………………………………………… 26
 教学活动4　检查与更换助力转向油 ……………………………………… 28
任务三　汽车空调工作介质的加注补充 ……………………………………… 29
 教学活动　加注、补充汽车空调工作介质 ………………………………… 30
项目二　汽车整车检查 ………………………………………………………… 33
任务一　汽车主要紧固件连接情况的检查 …………………………………… 33
 教学活动　检查上海大众3000轿车螺栓拧紧情况 ……………………… 35
任务二　汽车熔断器和熔丝的检查 …………………………………………… 37
 教学活动　检查与更换汽车熔丝 …………………………………………… 39

单元三　汽车发动机整机及各系统元件的检查与调整 ………………………… 41
项目一　发动机整机性能的检测 ………………………………………………… 42

任务　气缸压缩压力的检测 …… 42
　　　　教学活动　用气缸压力表检测气缸压缩压力 …… 43

项目二　汽车发动机各系统元件的检查与调整 …… 45
　　任务一　点火系统元件的检查 …… 45
　　　　教学活动1　拆装火花塞及检查火花塞技术状况 …… 49
　　　　教学活动2　发动机试火及检查高压线电阻 …… 51
　　　　教学活动3　用万用表对神龙富康轿车发动机点火线圈进行诊断 …… 52
　　　　教学活动4　用路试法检测汽油机点火系统的点火正时 …… 54
　　　　教学活动5　用正时灯检测传统点火系统的点火正时 …… 54
　　　　教学活动6　用正时灯检测有分电器式电控发动机点火系统的点火正时 …… 55
　　任务二　充电系统元件的检查 …… 56
　　　　教学活动　检查充电系统元件 …… 57
　　任务三　起动系统元件的检查 …… 58
　　　　教学活动　用万用表就车检查桑塔纳轿车起动机 …… 60
　　任务四　燃油供给系统元件的检查 …… 61
　　　　教学活动1　拆卸与检测电动燃油泵 …… 62
　　　　教学活动2　用燃油压力表检测汽油机燃油压力和燃油压力调节器 …… 64
　　　　教学活动3　检查电喷油器的电阻及供电电压 …… 66
　　　　教学活动4　用电喷油器清洗机检查喷雾质量 …… 68
　　　　教学活动5　用MK喷油器清洗专用免拆清洗设备清洗喷油器 …… 69
　　　　教学活动6　清洗节气门 …… 70
　　　　教学活动7　匹配电子节气门 …… 71
　　　　教学活动8　清理或更换空气滤清器 …… 73
　　任务五　机油品质的检查 …… 74
　　　　教学活动　用ADL-B型机油品质分析仪分析机油的品质 …… 74
　　任务六　气门间隙的检查与调整 …… 76
　　　　教学活动　检查与调整气门间隙 …… 80

项目三　汽油机电控系统的检测 …… 82
　　任务　电控系统的检查 …… 83
　　　　教学活动1　用数字万用表检测电控系统中的各种传感器 …… 88
　　　　教学活动2　了解X431电眼睛的使用方法 …… 95

单元四　汽车底盘附件及各系统元件的检查、调整与更换 …… 99

项目一　汽车电器及附件的检查与更换 …… 100
　　任务一　汽车灯泡的检查与更换 …… 100
　　　　教学活动　检查与更换汽车灯泡 …… 101
　　任务二　刮水器刮片的检查与维护 …… 102
　　　　教学活动　检查与维护刮水器刮片 …… 103
　　任务三　车内仪表、开关及按键功能的检查 …… 104
　　　　教学活动　检查车内仪表、开关及按键的功能 …… 107

项目二　汽车底盘各系统元件的检查与调整 …… 111

任务一　汽车底盘各系统元件的经验法综合检查 …… 111
教学活动　经验法综合检查汽车底盘各系统元件 …… 112

任务二　汽车离合器踏板自由行程的检查与调整 …… 115
教学活动　检查与调整富康轿车离合器踏板自由行程 …… 117

任务三　车轮和轮胎的拆装与维护 …… 117
教学活动1　拆装汽车车轮并对其连接情况进行检查 …… 121
教学活动2　拆装无内胎轮胎 …… 122
教学活动3　车轮换位 …… 125
教学活动4　用离车式平衡机对轮胎进行动平衡 …… 127
教学活动5　用四轮定位仪检测汽车四轮定位参数 …… 130

任务四　悬架的基本检查 …… 138
教学活动　用经验法对桑塔纳2000轿车前悬架进行基本检查 …… 142

任务五　汽车转向系统的检查 …… 144
教学活动1　用经验法对转向系统进行检查 …… 148
教学活动2　用经验法对机械转向系统转向沉重故障进行检测 …… 149
教学活动3　用经验法对机械转向系统自动跑偏故障进行诊断 …… 149

任务六　汽车制动系统的检查 …… 152
教学活动1　检查制动踏板自由行程 …… 156
教学活动2　检查与调整驻车制动系统 …… 157
教学活动3　检查制动主缸、制动软管与油管、助力器的工作情况 …… 157
教学活动4　拆卸与检查盘式制动器 …… 158
教学活动5　诊断与排除制动不灵故障 …… 163
教学活动6　诊断与排除制动跑偏故障 …… 164
教学活动7　诊断与排除制动拖滞故障 …… 165

参考文献 …… 168

单元一

汽车维修技术概述

项目一 现代汽车维修行业概况

项目描述

随着汽车的逐步普及和道路运输业的发展，社会对汽车维修专业技能人才的需求日益增大，蓬勃发展的交通运输业对汽车维修从业人员提出了更高的要求。广大汽车维修从业人员除了掌握必备的汽车维修理论知识和实际操作技能外，还应了解汽车维修行业的发展情况以及汽车维修观念、维修制度、维修力量、作业内容及方式等方面的变化情况。

任务　参观现代汽车维修企业并了解现代汽车维修行业概况

任务目标

1. 参观学校驻地周边若干现代汽车维修企业。
2. 咨询现代汽车维修行业概况。
3. 掌握汽车维修、汽车维修制度、定期检测、强制维护、视情修理的基本概念及相关知识。

知识储备

随着汽车工业的发展，汽车维修业在维修观念、维修制度、维修力量、作业内容及方式方面都发生着巨大的变化。汽车维修行业主体，也由以前的交通部门所属维修企业为主转变为今天全社会各行业多种所有制形式的维修企业同步发展，同时维修网点也由过去大中城市相对集中逐渐转变到中小城市、县、乡郊区，形成了比较合理的汽车维修网络。

随着车辆供求比例的变化，人们在车辆更新和车辆维修方面的观念方面发生了深刻的变化。维修配件高精度要求，使得从前以旧件修复为主的修理方式，发展成为今天以"换件修理"为主的修理方式。在维修制度上也由以前的"定期拆解"转变为今天的"定期检测、强制维护、视情修理"。

1. 基本概念

（1）汽车维修　汽车维修是指汽车维护、汽车检测与故障诊断、汽车零部件的检修和汽车修理的泛称，就是对出现故障的汽车通过技术手段进行检测，找出故障原因，确定故障部位并采取一定措施使汽车恢复并达到一定的性能和安全标准，以排除故障的过程。

（2）汽车维修制度　现阶段，我国采用"定期检测、强制维护、视情修理"的维修制度。

定期检测是科学技术进步与技术管理相结合的产物。它包含两重含义：一是对所有从事运输的汽车，视其类型、新旧程度、使用条件和使用强度等，在车辆行驶一定里程或时间后，定期进行综合性能检测，通过这种检测，达到控制运输车辆技术状况的目的，同时也可监督车辆的维修竣工质量；二是结合汽车二级维护定期进行诊断检测，以掌握汽车技术状况变化规律，确定是否需要在常规维护的同时附加修理作业项目及附加哪些修理项目，从而实现视情修理的目的。

强制维护即强制保养，仍然是坚持了计划、预防的设备维护原则。之所以将过去的定期保养改为强制维护，只是为了进一步强调维护的重要性，防止盲目追求眼前利益，对运输设备进行破坏性使用的错误行为。随着科学技术的进步，强制维护制度取消了过去对汽车主要总成大拆大卸的三级保养，采用国际上普遍使用的不解体状态检测下的维护工艺，通过维护前的诊断检测，进行汽车清洁、补给、润滑、紧固、调整及必要的修理，消除故障、隐患，防止车辆早期损坏。

视情修理是随着现代汽车的高科技特征和汽车检测技术的发展而提出的。根据车辆诊断检测后的技术评定，按照不同的作业范围和作业深度进行修理。视情修理体现了以下基本实质：一是改定性判断为定量判断，确定修理作业的方式由以车辆行驶里程为基础，改变为以车辆实际技术状况为基础；二是使用高科技检测手段，对送修车辆进行检测诊断和技术评定，它是实现车辆视情修理的重要保证；三是体现了技术经济原则，避免了拖延修理造成车况恶化，也防止了提前修理造成的浪费。视情修理落实的关键，是检测诊断仪器、设备的应用。近年来，汽车综合性能检测站的建立和部分具备检测诊断仪器、设备条件的维修企业，已为视情修理创造了客观条件。要落实视情修理，必须强化汽车运输、维修、检测企业认真执行《汽车运输业车辆技术管理规定》及相关管理规章和技术标准的重要性。

2. 汽车维修主要内容

汽车维修技术主要内容包括能正确使用维修常用工具、量具、仪器设备进行整车维护、能对汽车零部件及总成进行检测，会对汽车常见故障进行诊断与排除，会按照工艺规范要求进行维修质量验收。

教学活动　参观现代汽车维修企业，了解现代汽车维修行业概况

1. 待参观场地、企业准备

学校驻地周边可参观现代汽车维修企业若干。

2. 操作步骤

1）汽车维修企业领导讲解本维修企业发展概况。

2）了解我国现代维修企业发展概况。

3）参观汽车维修企业，咨询汽车维修、汽车维修制度、定期检测、强制维护、视情修理基本概念及相关知识。

3. 注意事项

1）安全事项。

2）纪律事项。

3）举止文明事项。

项目二

汽车维修常见工具和设备

项目描述

汽车维修需要一定的汽车维修工具、设备,认识汽车维修主要通用工具和设备的形状、规格,了解汽车维修主要通用工具和设备的用途及使用注意事项是每一位汽车维修人员必备的基本知识和基本技能。

任务　汽车维修通用工具和设备的认识

任务目标

1. 认识汽车维修主要通用工具和设备的形状、规格。
2. 了解汽车维修主要通用工具和设备的使用方法。
3. 了解使用汽车维修主要通用工具和设备的注意事项。

知识储备

常见汽车维修主要通用工具和设备有很多种。

1. 扳手

扳手是常用工具的一大类别,具体分类与规格如下:

(1) 呆扳手　呆扳手一端或两端制有固定尺寸的开口,用以拧转一定尺寸的螺母或螺栓,如图1-1所示。

常用的呆扳手规格为7、8、10、14、17、19、22、24、27、30、32、36、41、46、55、65。

分别对应螺纹规格为M4、M5、M6、M8、M10、M12、M14、M16、M18、M20、M22、M24、M27、M30、M36、M42。

(2) 梅花扳手　梅花扳手两端具有带六角孔或十二角孔的工作端,适用于工作空间狭小、不能使用普通扳手的场合,如图 1-2 所示。

(3) 两用扳手　两用扳手一端与单头呆扳手相同,另一端与梅花扳手相同,两端拧转相同规格的螺栓或螺母,如图 1-3 所示。

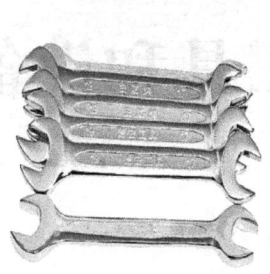  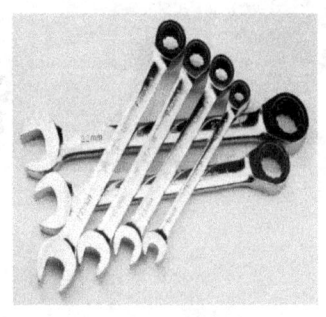

图 1-1　呆扳手　　　　　　图 1-2　梅花扳手　　　　　　图 1-3　两用扳手

(4) 活扳手　活扳手的开口宽度可在一定尺寸范围内进行调节,能拧转不同规格的螺栓或螺母,如图 1-4 所示。

(5) 钩形扳手　钩形扳手又称为月牙形扳手,用于拧转厚度受限制的扁螺母等,如图 1-5 所示。

(6) 套筒扳手　套筒扳手由多个带六角孔或十二角孔的套筒并配有手柄、接杆等多种附件组成,特别适用于拧转空间十分狭小或凹陷很深处的螺栓或螺母,如图 1-6 所示。

  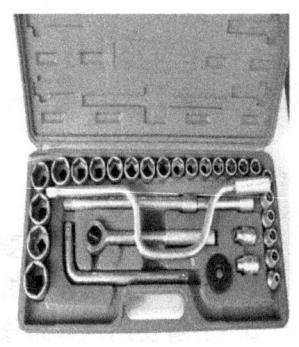

图 1-4　活扳手　　　　　　图 1-5　钩形扳手　　　　　　图 1-6　套筒扳手

(7) 内六角扳手　内六角扳手是指呈 L 形的六角棒状扳手,专门用于拧转内六角圆柱头螺钉,如图 1-7 所示。

内六角扳手规格为 S3、S4、S5、S6、S8、S10、S12、S14、S17、S19、S24、S27。

内六角扳手与螺纹的对应关系为 S3 = M4、S4 = M5、S5 = M6、S6 = M8、S8 = M10、S10 = M12、S12 = M14 ~ M16、S14 = M18 ~ M20、S17 = M22 ~ M24、S19 = M27 ~ M30、S24 = M36、S27 = M42。

(8) 扭力扳手　扭力扳手在拧转螺栓或螺母时能显示出所施加的力矩,或者当施加的力矩到达规定值后会发出光或声响信号,如图 1-8 所示。扭力扳手适用于对力矩大小有明确要求的装配工作。

图1-7 内六角扳手

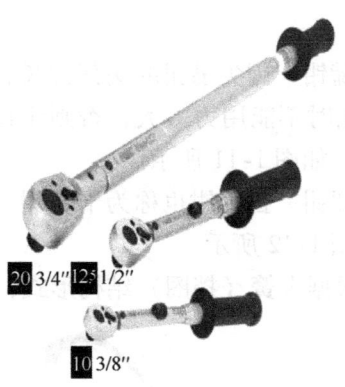

图1-8 扭力扳手

2. 螺钉旋具

螺钉旋具俗称螺丝刀,主要用于旋松或旋紧有槽螺钉,如图1-9所示。

螺钉旋具(以下简称旋具)有很多类型,其区别主要是尖部形状,每种类型的旋具都按照长度的不同分为若干规格。

常用的旋具是一字螺钉旋具和十字槽螺钉旋具。

(1) 一字螺钉旋具 一字螺钉旋具又称为一字起子、平口改锥,用于旋紧或松开头部开一字槽的螺钉。其规格以刀体部分的长度表示,常用的规格有100mm、150mm、200mm和300mm等几种。使用时,应根据螺钉沟槽的宽度选用相应的规格。

(2) 十字槽螺钉旋具 十字槽螺钉旋具俗称十字形起子、十字改锥,用于旋紧或松开头部带十字沟槽的螺钉,材料和规格与一字螺钉旋具相同。

3. 钳子

钳子多用来弯曲或安装小零件、剪断导线或螺栓等。钳子有很多类型和规格,如图1-10所示。

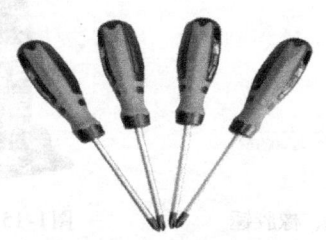

图1-9 螺钉旋具

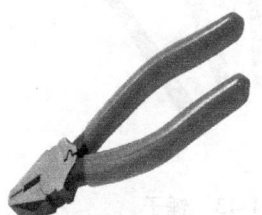

图1-10 钳子

(1) 鲤鱼钳和克丝钳 鲤鱼钳钳头的前部是平口细齿,适用于夹捏一般小零件;中部凹口粗长,用于夹持圆柱形零件,也可以代替扳手旋小螺栓、小螺母;钳口后部的刃口可剪切金属丝。由于一片钳体上有两个互相贯通的孔,又有一个特殊的销子,所以操作时钳口的张开度能很方便地变化,以适应夹持不同大小的零件,是汽车维修作业中使用最多的手钳。其规格以钳长来表示,一般有165mm和200mm两种,用50钢制造。

克丝钳的用途和鲤鱼钳相似,但其支销相对于两片钳体是固定的,故使用时不如鲤鱼钳灵活,但剪断金属丝的效果比鲤鱼钳要好,规格有150mm、175mm和200mm

三种。

（2）尖嘴钳　因尖嘴钳的头部细长，所以能在较小的空间内工作，带刃口的能剪切细小零件，使用时不能用力太大，否则钳口头部会变形或断裂。其规格以钳长来表示，常用160mm一种，如图1-11所示。

（3）挡圈钳　挡圈钳也称为卡簧钳，有多种结构形式，用于拆装发动机中的各种卡簧（挡圈），如图1-12所示。

使用时根据卡簧（挡圈）结构形式，选择相应的挡圈钳。

图1-11　尖嘴钳　　　　　　　　图1-12　挡圈钳

4. 锤子

汽车维修中常用锤子有手锤、木锤和橡胶锤，如图1-13和图1-14所示。

木锤和橡胶锤主要用于击打零件加工表面，以保护零件不被损坏。

5. 千斤顶

千斤顶是一种最常用、最简单的起重工具，按照其工作原理的不同可分为机械丝杆式和液压式，如图1-15所示。

图1-13　锤子　　　　　图1-14　木锤、橡胶锤　　　　　图1-15　千斤顶

按照所能顶起的质量可分为3 000kg、5 000kg和9 000kg等多种规格。

目前广泛使用的是液压式千斤顶。

6. 举升机

汽车举升机是指汽车维修行业用于汽车举升的重要设备。

举升机在汽车维修养护中发挥着至关重要的作用，无论整车大修还是小修保养，都离不开它，其产品性质和质量好坏直接影响维修人员的人身安全。

在规模各异的维修养护企业中，无论是维修多种车型的综合类修理厂，还是经营范围单一的街边店（如轮胎店），几乎都配备有举升机，如图1-16所示。

图 1-16　举升机

7. 跨接线

跨接线是一段专用导线，如图 1-17 所示。不同形式的跨接线主要是其长短和两端接头的不同。

跨接线两端的接头一般是不同形式的插头或鳄鱼夹，以适应不同位置的跨接。跨接线主要用于电路故障诊断。

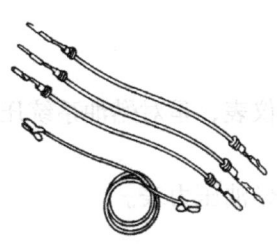 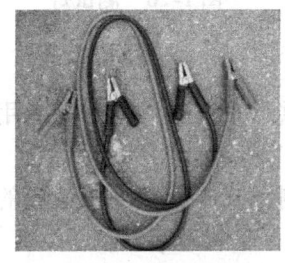 

图 1-17　不同形式的跨接线

8. 万用表

万用表具有一些汽车专用测试功能，如图 1-18 所示。

除可用来测量电控元件和电路的电阻、电压、电流外，一般还能测量转速、频率、温度、电容、闭合角和占空比等参数，并具有自动断电、自动变换量程、数据锁定和波形显示等功能。

9. 手动真空泵

手动真空泵又称为手持式真空测量仪，如图 1-19 所示。

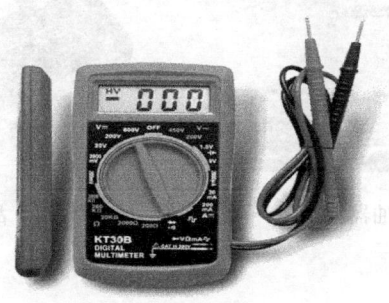 

图 1-18　万用表　　　　图 1-19　手动真空泵

发动机电控系统中采用真空驱动的元件很多,所以它是用来抽真空的工具。

手动真空泵一般带有显示真空度的真空表、各种连接软管和接头等附件,以适应对不同车型和不同真空驱动元件的检测。

10. 测试灯

测试灯主要用来检查电控元件电路的通断,是根据指示灯亮度判断被测电路电压的高低,如图 1-20 所示。

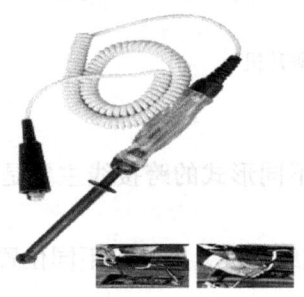 

图 1-20　测试灯

11. 燃油压力表

燃油压力表是用来测量燃油供给系统燃油压力的专用仪表,是对燃油系统压力进行检查和故障诊断的常用仪表,如图 1-21 所示。

使用时,注意选择量程与被测系统压力范围相适应的燃油压力表。

12. 喷油器清洗机

便携式喷油器清洗机无须拆卸,使用方便。

固定式喷油器清洗机一般除用来清洗喷油器外都具有喷油器滴漏检查功能和喷油量检查功能,如图 1-22 所示。

13. 故障诊断仪

故障诊断仪能快速、方便地读取或清除故障码,并且对发动机电控系统进行动态测试,能显示瞬时信息,为诊断提供依据,如图 1-23 所示。

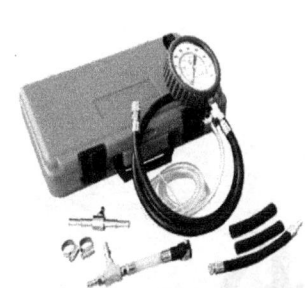  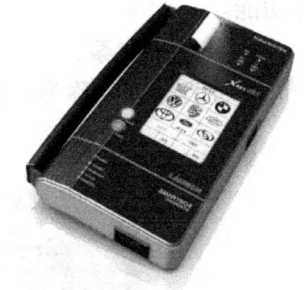

图 1-21　燃油压力表　　　　图 1-22　喷油器清洗机　　　　图 1-23　故障诊断仪

14. 示波器

示波器主要用来显示控制系统中输入、输出信号的电压波形,以供维修人员依据波形分析判断电控系统故障,如图 1-24 所示。

示波器比一般电子设备的显示速度快,是唯一能显示瞬时波形的检测仪器,是电控系统故障诊断中的重要设备。

15. 发动机综合检测仪

发动机综合检测仪是发动机综合性能检验仪的简称,如图 1-25 所示。发动机综合检测仪能对发动机进行不解体综合测试,配备有标准的数据及专家分析系统,可通过对测试结果与标准数据比较判断发动机整机或部分系统工作的好坏。

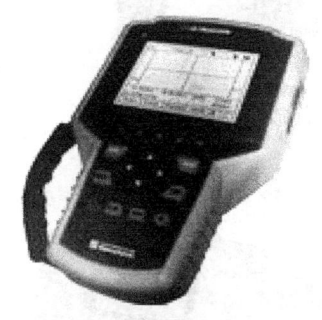
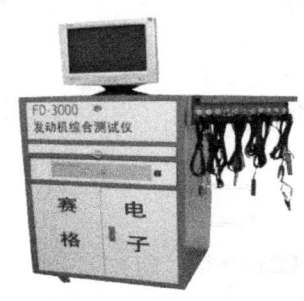

图 1-24　示波器　　　　　　　　　图 1-25　发动机综合检测仪

16. 气缸压力表

气缸压力表主要用于检测活塞到达压缩终了上止点时气缸内气体压力的大小,用以表征气缸密封性是否良好,如图 1-26 所示。

17. 车轮动平衡机

车轮动平衡机主要用于检测汽车车轮平衡度的大小,用以表征汽车的舒适性、操纵稳定性以及行驶安全性,如图 1-27 所示。

图 1-26　气缸压力表　　　　　　　图 1-27　离车式车轮动平衡机

18. 四轮定位仪

四轮定位仪主要用于检测汽车车轮的四轮定位参数,用以表征车辆的操纵稳定性、直线行驶性能和自动回正能力是否良好,如图 1-28 和图 1-29 所示。

19. 废气分析仪

废气分析仪主要用于检测汽车废气中 CO、HC 以及 NO_x 的含量,从而表征汽车发动机混合气燃烧是否良好,如图 1-30 和图 1-31 所示。

汽车维修技术

图1-28 四轮定位仪

图1-29 汽车停放在四柱举升机上

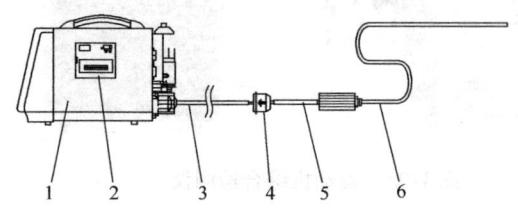

图1-30 NHA-506型废气分析仪的组成
1—仪器主机 2—嵌入式微型打印机 3—取样管
4—前置过滤器 5—短导管 6—取样探头

图1-31 NHA-506型废气分析仪前面板

20. 其他设备

除以上常见主要仪表、设备外，还有真空表、听诊器、润滑油品质分析仪、空气压缩机、轮胎气压表和噪声仪等。

任务实施

教学活动　认识汽车维修通用工具和设备

1. 维修工具、仪表设备准备

汽车实训车间、全套汽车维修通用工具、汽车维修设备及设备使用说明书。

2. 操作步骤

1）讲解汽车维修通用工具和设备相关知识。
2）参观汽车实训车间，认识汽车维修通用工具和设备。

3. 考核标准

1）掌握使用汽车维修通用工具的使用方法。
2）认识汽车维修设备，了解其使用性能。
3）说出各种汽车维修设备的用途。

拓展与提高

为了使检测诊断设备保持良好的技术状况，必须做好检测诊断设备的日常使用与维护等工作：

1）要经常检视检测设备传感器的外部状况，观察是否有破损、松动、位移、积尘和受潮等现象，并应及时处理。

2）检测设备的使用环境（如温度、湿度、灰尘和振动等）必须符合其使用说明书的规定。

3）指针式检测设备在使用前应检查指针是否在机械零点位置上，否则应予以调整。

4）如需预热，检测设备使用前应预热至规定时间。

5）应按使用说明书规定的方法对检测设备进行校准和调整。

6）电源开关不宜频繁开启和关闭。

7）检测设备的电源电压应在额定值±5%范围内。

8）严格防止高压电窜入控制线和信号线内。

9）检测设备使用完毕应及时关闭电源。

单元二

汽车整车维护与检查

项目一

汽车整车维护

项目描述

汽车整车维护，主要包括对汽车发动机及底盘各工作介质进行检视、补给或更换，以及对汽车空调工作介质的加注补充。

任务一　汽车发动机各工作介质的检视、补给或更换

任务目标

1. 熟记汽车各工作介质进行检视、补给的相关基本知识。
2. 会对汽车各工作介质进行检视、补给。

任务描述

补给是指对汽车各种工作介质进行补给，包括更换发动机润滑油及机油滤清器、补给发动机冷却液以及补给发动机舱内的风窗玻璃洗涤液。

知识储备

1. 发动机润滑油

发动机润滑油俗称机油，起润滑、冷却、清洗、密封、防蚀及缓冲等重要作用。

润滑油可分为冬季用油 6 种，夏季用油 4 种，冬夏通用油 16 种。具体介绍如下：

1）夏季用油牌号分别为 20、30、40 和 50 四种，数字越大，其黏度越大，适用的最高气温越高。例如 SAE 20 及 SAE 50 等，其中数字表示 100℃ 时的黏度。

2）冬季用油牌号分别为 0W、5W、10W、15W、20W 和 25W 六种，符号 W 代表冬季用油，是 Winter（冬天）的缩写。

W 前的数字越小，低温黏度越小，低温流动性越好。

3）冬夏通用油牌号分别为 5W/20、5W/30、5W/40、5W/50、10W/20、10W/30、10W/40、10W/50、15W/20、15W/30、15W/40、15W/50、20W/20、20W/30、20W/40 和 20W/50。例如全天候型 SAE 15W/50，表示低温时的黏度等级符合 SAE 15W 的要求，高温时的黏度等级符合 SAE 50 的要求，属于冬夏通用型。

2. 冷却液的组成与种类

目前冷却液一般由水、防冻剂和添加剂三部分组成，按防冻剂成分的不同可分为酒精型、甘油型和乙二醇型等类型的冷却液。

1）目前，广泛使用的是乙二醇型冷却液。乙二醇型冷却液因其具有冰点低、沸点高、防腐性好而被广泛使用。

2）乙二醇型冷却液根据 NB/SH/T 0521—2010 规定，按其冰点的不同分为 -25、-30、-35、-40、-45、-50 六个牌号。

3）冷却液的选用。冷却液选用时应根据当地冬季最低气温选用适当冰点牌号的冷却液，一般冷却液冰点应至少低于最低气温5℃。选用浓缩冷却液应按说明书规定的比例加入蒸馏水或去离子水，配制出具有与使用条件相对应冰点的冷却液，配制时不得使用自来水等非清洁水。

对于无特殊要求的车辆，可以选用乙二醇型冷却液以降低运输成本。对于一些中高档车辆，要求使用其专用冷却液，应按车辆说明书选用对应的冷却液。

4）冷却液使用注意事项：

① 冷却液一般可以连续使用 3~5 年，但要求每年检测一次。

② 乙二醇对人体有毒性，使用保管时应严防入口。

③ 冷却液对环境有一定的污染，更换掉的冷却液应集中处理。

④ 应定期检查冷却液的液面高度，若液面过低，则应及时添加。

⑤ 如果发动机冷却系统原先使用的是普通水或换用另一种冷却液，则在加入新的一种冷却液之前务必要将冷却系统冲洗干净。

⑥ 不是同牌号的冷却液不能混装混用，以免起化学反应，破坏各自的综合防腐能力，用后剩余的冷却液应在容器上注明名称，以免混淆。

⑦ 在使用后，若因冷却系统渗漏引起散热器液面降低时，应及时补充同一品牌的冷却液，若液面降低是水蒸发所致，则应向冷却系统添加蒸馏水或去离子水，切勿加入井水、自来水等硬水；当发现冷却液中有悬浮物、沉淀物或发臭时，证明冷却液已起化学反应，已变质失去功效，应及时清洗冷却系统，并全部更换其冷却液。

在发动机冷却液温度过高时，不要打开散热器盖，以免冷却液突然喷出造成事故。

3. 汽车风窗玻璃洗涤液

汽车风窗玻璃洗涤液主要作用就是清洁玻璃，去除鸟粪、虫屎、树黏液等污垢。

汽车风窗玻璃洗涤液具有清洗、防冻、防雾、抗静电和润滑等功能。

汽车风窗玻璃洗涤液有三大类：一类是夏季常用的，在清洗液里增加了除虫胶成分，可以快速清除撞在风窗玻璃上的飞虫残留物；一类为冬季使用的防冻型玻璃清洗液，保证在外界气温低于 -20℃ 时依旧不会结冰，防止冻坏汽车设施；另外一种是特效防冻型，保证在 -40℃ 时依旧不结冰，适合我国最北部的严寒地区使用。

任务实施

教学活动1　更换汽车发动机机油

1. 检测工具、仪表准备

呆扳手或梅花扳手、发动机机油、油盆、扭力扳手。

2. 操作步骤

更换发动机机油的同时必须更换机油滤芯。

1）将车辆停在平稳的路面上。

2）运转发动机直至暖机。

3）熄灭发动机,等待5~10min左右,让停留在发动机上部的润滑油有充分的时间流入油底壳。拉紧驻车制动器,如图2-1所示。

4）打开发动机舱盖,旋下机油加注口盖,如图2-2所示。

5）用举升机将车辆举起,卸下发动机下护板,将接油装置放到放油螺塞下面,准备接废机油。

6）拆下油底壳放油螺塞,如图2-3所示。放出发动机机油,如图2-4所示。

图2-1　拉紧驻车制动器

图2-2　旋下机油加注口盖

图2-3　拆下油底壳放油螺塞

7）用机油滤清器专用扳手拆下机油滤清器,如图2-5所示。机油滤清器专用扳手如图2-6所示。

8）在新滤清器的接口橡胶垫圈上均匀涂一层机油,然后用手将滤清器拧到滤清器座上(并按规定力矩拧紧),如图2-7和图2-8所示。

9）放净旧机油后装复放油螺塞(按规定力矩拧紧)。

10）操作举升机,将车辆放到地面上。

11）按规定将新机油从机油加注口加入发动机。

12）短暂时间后用机油尺检查发动机机油量,机油油位应在机油尺的上、下刻线之间的位置。装复机油加注口盖。

13）起动发动机,急速运转2min,检查油底壳放油螺塞和机油滤清器接口处有无泄漏。

单元二 汽车整车维护与检查

图 2-4　放出发动机机油

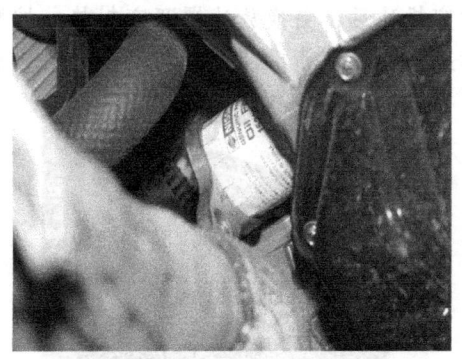
图 2-5　拆卸机油滤清器

图 2-6　机油滤清器专用扳手

图 2-7　在新滤清器的接口橡胶垫圈上均匀涂一层机油

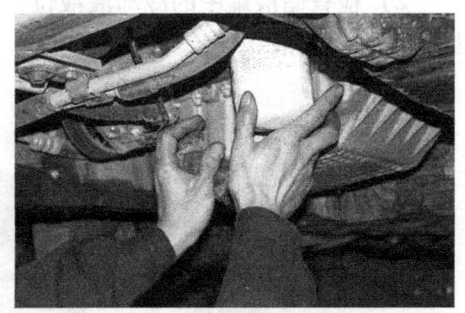
图 2-8　用手将滤清器拧到滤清器座上

14）如无泄漏，则装复下护板。

拓展与提高

发动机机油更换注意事项

发动机机油的更换周期一般为行驶里程 5 000km 左右，但周期长短可根据使用环境、使用条件和汽车实际状况而灵活掌握。如果汽车连续在多山地区、气温低于 -20℃ 的寒冷地区行驶，则更换机油的周期应缩短；如果汽车行驶的环境、道路状况等都较好，则相应的更换机油周期可相对延长。经日常检查发现，当机油减少或变黑污秽时，应予以提早更换新油。机油的排放可使用专门的抽油机，也可以用普通容器放在油底壳下，拧下放油螺塞排油。必须根据更换周期同时更换发动机机油和机油滤清器。

放完机油后，更换放油螺塞密封垫，按顺时针方向拧紧放油螺塞。
加入规定量的新机油，必须用机油尺确认机油量，如图2-9所示。

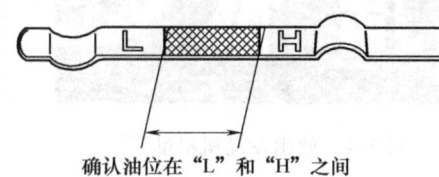

确认油位在"L"和"H"之间

图2-9　用机油尺确认机油量

教学活动2　补给发动机冷却液

1. 检测工具、仪表准备

普通工具、发动机冷却液。

2. 操作步骤

1）确认发动机与散热器均已冷却。

2）检查储液罐中的冷却液液位，当液位位于或低于下限（MIN）时，如图2-10所示，则应添加冷却液。

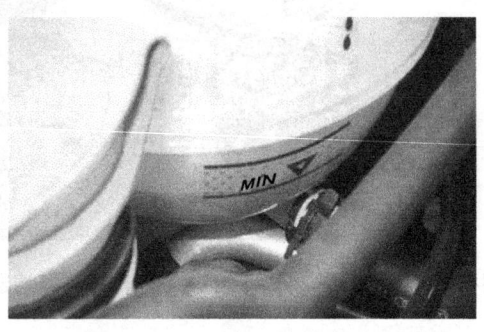

图2-10　检查储液罐中的冷却液液位及散热器盖

3）沿逆时针方向转动散热器盖，不要往下压，以释放冷却系统中的残余压力。

4）一边向下按，一边沿逆时针方向转动，即可取下散热器盖。

5）添加冷却液。缓慢、细心地倒入冷却液，如图2-11所示。注意防止冷却液溢出，若溢出，则应立刻清除所有的溢液，因为溢出的冷却液会损坏发动机舱内的零部件。

6）向储液罐内注入冷却液，使液面位于上限（MAX）标记与下限（MIN）标记的中间，如图2-12所示，然后将储液罐盖盖好。

7）起动发动机并使其处于怠速，观察液位，待发动机缸套内空气排出，液位下降后，继续向散热器加入冷却液，直至液位到达储液罐上限水位为止。

8）关闭发动机舱盖。切勿向冷却系统内添加任何防锈剂或其他添加剂。

9）大部分车辆的储液罐上标有液位检查标记。当发动机处于冷却状态时，冷却液位应在上、下标线之间，如图 2-12 所示。

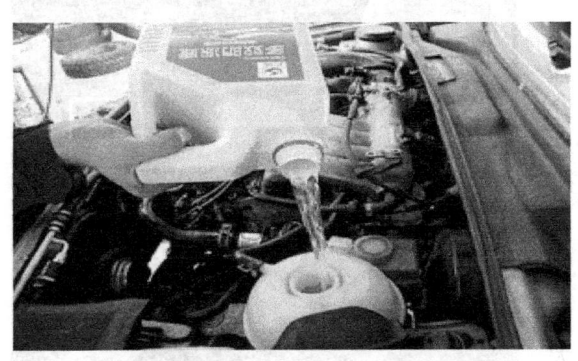

图 2-11　缓慢、细心地倒入冷却液

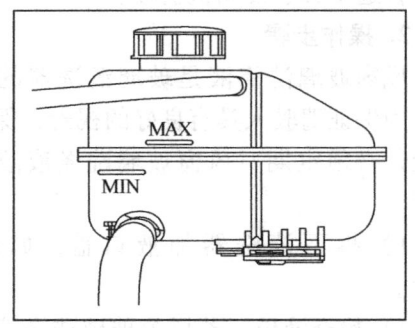

图 2-12　储液罐上的冷却液液位检查标记

拓展与提高

冷却系统的清洗

冷却系统经长时间的使用后若加用硬水或质量不高的冷却液，会在冷却系统（散热器和气缸体的水套）中产生大量的水垢、铁锈和泥沙，使冷却效率降低。因此，使用普通水的冷却系统，每 6 个月应清洗一次。其他使用冷却液的发动机，应在更换冷却液或大修发动机时彻底清洗一次冷却系统。

清洗冷却系统的步骤如下：

（1）简单清洗　洗涤时，应放净旧冷却液，将发动机冷却系统加满清洁水（自来水），起动发动机，运转 5min 后放出。放出的水若比较浑浊，则应重复上述步骤直到水清为止。

（2）彻底清洗　当发动机散热性能不好、发动机冷却系统水垢过多时，可使用专用的散热器清洗剂进行清洗。清洗步骤如下：

1）起动发动机，使其温度达到正常的工作温度后，停止发动机转动并放净冷却液，将混有清洗剂的清洗液加入到冷却系统中。起动发动机，使发动机温度达到正常工作温度并怠速运转 20~30min，然后使发动机停止运转，放出清洗液。

2）用清洁水冲洗冷却系统。5min 后将发动机内注满清洁的水，再起动发动机使其运转 10min 后放出即可。如果排出的液体较脏，则应继续用清水反复清洗直到放出清水为止。

清洗冷却系统时，如果发动机温度低于正常温度（85℃），则节温器不能打开，清洗液只做小循环，并不在散热器和气缸体水套中循环。所以，必须保持在正常温度。

在清洗冷却系统后，应再次检查散热器冷却液情况。如果发现散热器口有气泡出现，则说明冷却系统内混有空气。常见的原因是气缸内的气体进入了冷却系统，应到维修厂排除故障。

教学活动 3　补给与检查风窗玻璃洗涤液

1. 检测工具、仪表准备

普通工具、发动机机油。

2. 操作步骤

风窗玻璃洗涤液是玻璃清洗器的工作介质，为保证驾驶人具有良好的视野，保证行车安全，必须定期对风窗玻璃洗涤液液位进行检查。

1）拆下清洗器加液口盖，如图 2-13 所示。

2）检查液位。若风窗玻璃洗涤液液量太少，则可补给风窗玻璃洗涤液。

图 2-13　拆下清洗器加液口盖

任务二　汽车底盘各工作介质的检视、补给或更换

任务目标

1. 掌握变速器油的检视、补给或更换相关知识。
2. 掌握制动液的检视、补给或更换相关知识。
3. 掌握转向助力油的检视、补给或更换相关知识。
4. 会进行变速器油的检视、补给或更换。
5. 会进行制动液的检视、补给或更换。
6. 会进行转向助力油的检视、补给或更换。

任务描述

汽车底盘各工作介质进行检视、补给或更换包括变速器油的检视、补给或更换，制动液的检视、补给或更换，转向助力油的检视、补给或更换等内容，若不及时检视、补给或更换，则将直接影响到汽车底盘零部件的使用性能和零件的使用寿命，危及行车安全。

知识储备

1. 变速器油

变速器具有变速变矩、变向和中断动力传递的作用，变速器如图 2-14 所示。

由于变速器在使用中频繁换档，长期在高转速、大负荷工况下工作，变速器的零部件会产生磨损或损伤，致使其使用性能下降。定期检查或更换变速器油是维护变速器的重要措施之一。

1）变速器油的分类。美国石油学会将车辆变速器油按照使用性能的不同分为 GL-1、GL-2、GL-3、GL-4、GL-5 和 GL-6 六类。其性能水平顺序逐级提高。

其中，使用较多的是 GL-4 和 GL-5 两类。

2）变速器油的选用。GL-4 适用于高速低转矩、低速高转矩下操作的各种手动变速器。

对于汽油轿车来说，如奥迪、捷达、富康、桑塔纳、夏利、别克等，都采用这种变速器油。

2. 自动变速器油

自动变速器油简称 ATF（又称为液力传动油），是指专门用于自动变速器的油液。ATF 对自动变速器的工作、使用性能以及使用寿命都有非常重要的影响。汽车自动变速器保养的主要内容就是对 ATF 的检查和更换。

图 2-14　变速器

由于 ATF 工作特点的不同，在性能上有别于其他油液，主要有以下特性：较高的黏温性，黏度过大或过小都会使自动变速器传动效率下降，而黏度又随温度变化而变化。因此，要求 ATF 低温时黏度不要太大，高温时黏度不能太小。

目前应用广泛的 ATF 是 DEXRON 与 DEXRON Ⅱ 和 DEXRON Ⅲ 型，主要应用于美国通用、克莱斯勒以及日本和德国的大部分车型上。福特汽车公司使用的是 DEXRON F 型。国产轿车使用的主要是 8 号自动传动油。

国内外液力传动油的分类及应用情况如下：

1）国外液力传动油分为 PTF-1、PTF-2 和 PTF-3 三种。

2）国产液力传动油的分类。国内按 100℃ 运动黏度将液力传动油分为 6 号和 8 号两种，其与国外液力传动油的基本对应关系见表 2-1。

表 2-1　液力传动油分类标准

国外分类	国内分类	应用范围
PTF-1	8	轿车、轻型货车自动传动油
PTF-2	6	越野车、货车、工程机械
PTF-3		农用和建筑野外机械

3. 汽车用制动液

目前常用的进口制动液有 DOT3 和 DOT4 两种。DOT 是美国汽车安全标准规定标称，其数字越大，级别越高。DOT3 与 DOT4 的不同之处主要在于沸点不同，DOT4 比 DOT3 更耐高温。

（1）国产制动液的牌号和规格　国产制动液依据其平衡回流沸点可分为 JG0、JG1、JG2、JG3、JG4 和 JG5 六个质量等级，序号越大，平衡回流沸点越高，高温抗气阻性越好，行车制动安全性越高。

国产制动液可依据其平衡回流沸点和原料的不同进行分类，如图 2-15 所示。

（2）制动液的使用注意事项

1）制动液是直接关系到汽车运行安全性的产品，使用中应严格遵从制造厂商的规定，使用正确牌号的制动液。

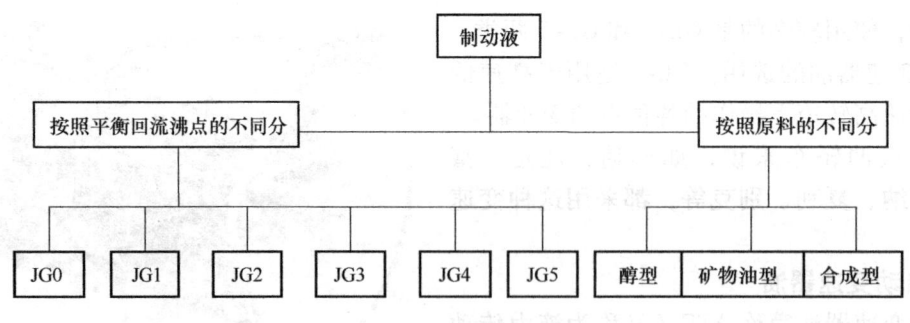

图 2-15 国产制动液的分类

2）不同牌号的制动液不可混用。

3）由于制动液具有很强的吸湿性，因此不能暴露在空气中。制动系统中的制动液也应定期进行更换，更换时必须对整个系统进行清洗。

4. 转向助力油

一般采用汽车制造厂专用转向助力油，有的车型采用自动变速器油。

任务实施

教学活动1　检查与更换汽车变速器油

1. 检测工具、仪表准备

普通工具、变速器油、举升机、油盆和扭力扳手。

2. 操作步骤

（1）检查变速器油的渗漏情况

1）变速器的接触面上。

2）油封处。

3）加油口和排油口。

（2）检查手动变速器油位

1）用举升机举升车辆并使之安全固定。

2）用适当扳手逆时针方向拧松加油口塞，用手拧下加油口塞。

3）放入 L 形油标尺，检查变速器油是否在末端部位，如图 2-16 所示。

4）如果变速器油高度达不到规定位置，则添加规定油至 L 形油标尺末端。

5）先用手拧紧加油口塞，然后用扳手按规定力矩拧紧。

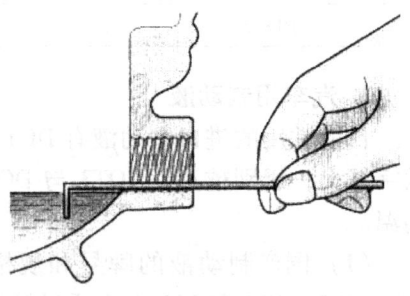

图 2-16　检查变速器油位

6）操纵举升机，将车辆放到地面上。

（3）检查油质情况　松开排放孔，用容器接下部分油液，观察排出油液的情况，是否存在异味，油液是否有浑浊情况；用手接触油液，看油液中是否存在细小的金属颗粒；如果有变质情况，则应更换变速器油。

（4）变速器油的更换

1）变速器油的排放。

① 起动发动机，使变速器升温。

② 关闭发动机。拆卸放油螺塞，排空变速器油。

③ 在放油螺塞上加上衬垫，然后安装到变速器上，并拧紧到规定力矩。

2）变速器油的加注。

① 拆卸注油口塞。

② 加注新变速器油，直到油位到达靠近注油口塞安装孔的规定极限附近。

教学活动2　检查与更换自动变速器油

1. 检测工具、仪表准备

普通工具、ATF、举升机、油盆和扭力扳手。

2. 操作步骤

在进行自动变速器维护时，对 ATF 的检查是极其重要的工作。检查内容主要包括油质检查、油量检查。

（1）油质检查　检查油质、颜色、气味和杂质，确认 ATF 是否过热变质。DEXRON 油染成红色，油质清澈纯净，如果颜色变黑、有烧焦味且含有杂质，则应予以更换。

（2）油量检查　运行车辆，使发动机和变速器处于正常的工作温度（70~80℃），然后将车辆停在水平路面上，并拉紧驻车制动器；同时，使发动机怠速运转，将变速杆从 P 位换入各档位后回到 P 位（图2-17）后，将变速器油标尺拉出擦净，再全部插入管内；再次将油标尺拉出，检查油位是否在 HOT（热）范围内，如图2-18 所示。若液位在 HOT 范围内，则合适。

图2-17　发动机怠速运转，将变速杆从 P 位换入各档位后回到 P 位

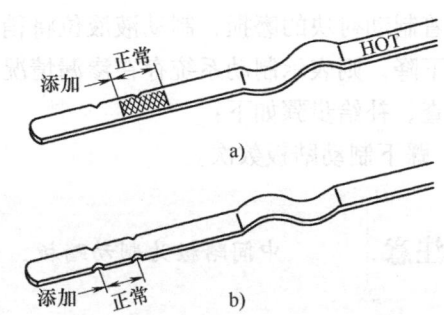

图2-18　检查油位是否在 HOT（热）范围内
a) 正面：热态（50~80℃（122~176℉））
b) 反面：冷态（30~50℃（86~122℉））

（3）ATF 的更换　自动变速器达到规定行驶里程或放置1年以上时必须更换全部油液，同时还应更换 ATF 滤清器。换油时必须使用规定型号的 ATF，具体换油里程、换油方法和用油规格依照厂家维修手册规定进行。

下面以丰田佳美轿车为例进行说明：

1）确定 ATF 的型号为 DEXRON Ⅱ 型。

2）取下放油孔塞，放出 ATF，更换新衬垫后装回拧紧。

3）通过加油管加入新 ATF，加注量为 2.5L。

4）检查油面高度，并补给调整到规定液面。

拓展与提高

自动变速器中油面的高低对变速器的性能影响

自动变速器中油面的高低对变速器的性能影响很大。若油面过高，则旋转机件旋转时剧烈搅动油液并产生气泡，气泡混入 ATF 内会降低液压回路的油压，影响控制阀的正常工作，同时还会引起离合器、制动器打滑，加剧磨损。若油面过低，则油泵吸入空气或油液中渗入空气，同样会导致产生前述类似的问题。另外，油面过低还会使润滑冷却条件变差，加速 ATF 的氧化变质。一般加入自动变速器中的油液数量，应保证在液力变矩器及各操纵油缸充满以后，变速器中油面高度低于行星轮等旋转件的最低点，高出阀体与变速器壳体的接合面。

在自动变速器中，ATF 油面的高低与油液的温度和变速器的工作状况有关。温度升高，油面也升高，当自动变速器正常运转时，ATF 充注在液力变矩器和各油缸油道内，油面下降，熄火后油面会升高。因此，油面高度的检查是在规定的条件下进行。具体检查方法不同厂家的规定各不相同，应按维修手册进行。

教学活动 3　检查与更换制动液

1. 检测工具、仪表准备

普通工具、制动液、举升机、油盆和扭力扳手。

2. 操作步骤

随着制动衬块的磨损，制动液液位将稍微降低，这是正常现象。如果短时间内制动液液位明显下降，则表示制动系统存在渗漏情况，应检查并补给制动液。

检查、补给步骤如下：

1）踩下制动踏板数次。

> **注意**　中间踏板为制动踏板，如图 2-19 所示。

2）打开发动机舱盖。

3）观察制动液储液罐中的制动液液位，如果液位低于 MIN 位，则补充制动液。制动液储液罐如图 2-20 所示。补充的制动液型号应与原制动液型号相同，不得混用。

> **提示**　如果液位处于或者低于下限标记，则需要检查制动系统。重点检查制动系统是否有渗漏以及制动片是否有磨损。制动液液位必须位于储液罐上 MAX 和 MIN 两个标记之间。

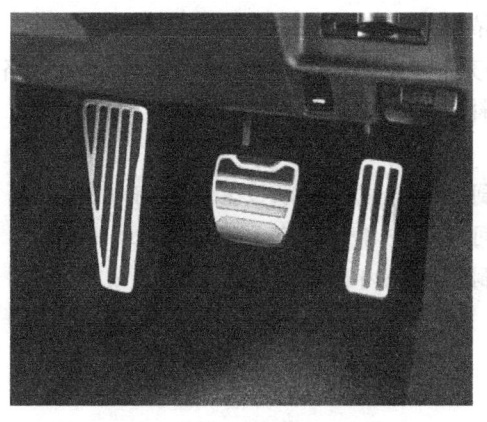

图 2-19 中间踏板为制动踏板

图 2-20 制动液储液罐

4）对于液压制动系统而言，制动液是制动力传递的介质。汽车使用的制动液多为醇醚类化合物或酯类油。由于其具有一定的吸湿性，为保证制动系统的可靠性和行车安全，应在规定的使用期限内更换制动液。

其更换方法如下：

1）放出旧制动液。

① 起动发动机，并保持怠速运转。

② 将制动液储液罐的加液口盖拧下。

③ 在轮缸放气螺钉上套上一根透明塑料管，将管的另一端放入一装有制动液的容器内，如图 2-21 所示。

④ 拧松放气阀，连续踩下制动踏板，直到制动液不再流出为止，拧紧放气阀。

⑤ 在储液罐内加入足量的同种制动液。

2）排放液压管路内的空气。

放气顺序：离主缸最远的轮缸先排放，依次移至最近的轮缸，如图 2-22 所示。

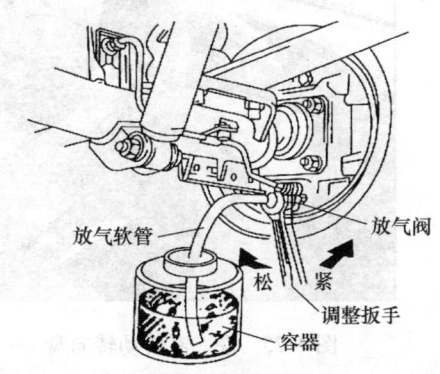

图 2-21 车轮轮缸放气

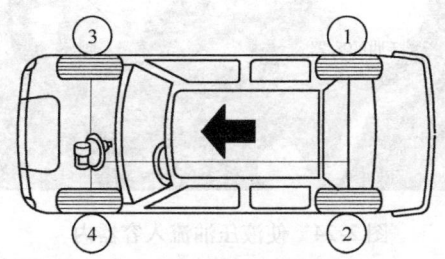

图 2-22 放气顺序

① 放气作业由两人配合进行：一个人在驾驶室内连续踩动制动踏板，使踏板位置升高并踩下踏板保持不动；另一人在车下拧松放气阀，使管路中的空气和制动液一同排出。

② 当踏板位置降低时，立即拧紧放气阀。如此反复多次，直到塑料管内没有气泡排出

为止，然后拧紧放气阀并装好防尘套，按上述方法依次对其他轮缸进行放气。

③ 在排气时，应一边排除空气，一边检查和补充制动液，以免空气重新进入制动管路，直到空气完全排放干净为止，将储液罐中的制动液补充到规定位置。

> **提示** 当排气作业结束后，将储液罐制动液补充到上限位置，装好储液罐盖并擦净油污。试车检验制动性能，同时检查各部位有无漏油现象。如果在检查过程中制动踏板发软，则表明制动系统内仍有空气，需继续放气。

教学活动4　检查与更换助力转向油

1. 检测工具、仪表准备

普通工具、助力转向油（图2-23）、举升机、油盆和扭力扳手。

2. 操作步骤

当发现动力转向系统液压油变黑，有气泡和乳化现象时，应更换助力转向油，助力转向油更换后还应排除动力转向系统中的空气。

其操作步骤如下：

1）将汽车前轮顶离地面，储油箱回油管下方垫住废旧衣服或棉纱，从储油罐上拆下回油管，使液压油流入容器内，如图2-24所示。

2）起动发动机并怠速运转，左、右转动转向盘，应尽量转到底（图2-25），排出更多的动力转向系统内的液压油。

图2-23　助力转向油

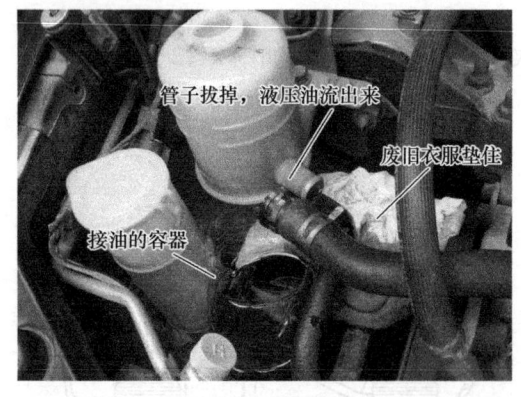

图2-24　使液压油流入容器内

图2-25　左、右转动转向盘

3）在发动机熄火状态下，向储油罐内加满油，把储油罐回油口堵死。

4）起动发动机，以100r/min左右的速度转动转向盘，当回油管出油时，立即将发动机熄火，再次向储油罐内补加液压油，并重复上述过程4~5次，直到动力转向系统中没有空气为止，将回油管连接牢固。

5）发动机运转时，左、右转动转向盘3~4次，液压油应无气泡，发动机运转和停止时，油平面相差不能大于5mm，否则应重复放油以排出系统中的空气。

拓展与提高

动力转向系统清洗的方法

对动力转向系统进行清洗可除去动力转向系统中的有害杂质、漆膜和其他沉积物，消除动力转向系统内的磨损和噪声，恢复油封弹性，以防止系统渗漏的发生和冷车时的转向困难，其操作方法如下：

1）打开动力转向储油罐盖，从储油罐上拆下回油管，放出一部分动力转向液。

2）装复回油管，并将动力转向系统清洗剂倒入储油罐内。动力转向系统清洗剂如图2-26所示。盖好储油罐盖。

3）起动发动机，左、右转动转向盘，让清洗剂流到各部位，清洗时间为15~30min。

4）关闭发动机，准备好一根透明的塑料管（管内径应略大于动力转向储油罐的回流管外径，长约2m）和一个油盆。然后拆开动力转向储油罐的回流管，将其与透明的塑料管接在一起，塑料管的开放端放入油盆内。

5）起动发动机，并不断地向动力转向储油罐内倒入动力转向液（注意不能等储油罐内无油液时再倒入，以防混入空气），同时观察透明的塑料管中流出的动力转向油的色泽，直至动力转向油的颜色变得透红（与新的动力转向油颜色相同）时，立即关闭发动机。

图2-26 动力转向系统清洗剂

6）迅速接好动力转向储油罐的回流管，再将动力转向油加注到规定范围为止。

7）起动发动机，察看有无渗漏部位。

任务三　汽车空调工作介质的加注补充

任务目标

1. 了解汽车空调的组成及工作原理。
2. 会进行空调系统检漏和加注制冷剂。

任务描述

一般的汽车空调每年都会正常损失10%~15%的制冷剂，每年需定期加注补充制冷剂。用空调压力表组加注补充剂技能是汽车维修的基本技能。

知识储备

1. 空调的组成

汽车空调一般主要由压缩机、电控离合器、冷凝器、蒸发器、膨胀阀、储液干燥器、管道、冷凝风扇、真空电磁阀、怠速器和控制系统等组成。汽车空调分为高压侧和低压侧：高压侧包括压缩机输出侧、高压管路、冷凝器、储液干燥器和液体管路；低压侧包括蒸发器、积累器、回气管路、压缩机输入侧。

（1）储液干燥器　储液干燥器实际上是一个储存制冷剂及吸收制冷剂水分、过滤杂质的装置。一方面，它相当于汽车的燃油箱，起到储存制冷剂的作用；另一方面，它又像空气滤清器那样，过滤掉制冷剂中掺杂的杂质。储液干燥器中还装有一定的硅胶物质，起到吸收水分的作用。

（2）冷凝器和蒸发器　冷凝器和蒸发器虽然叫法不一样，但结构类似。它们都是在一排弯绕的管道上布满散热用的金属薄片，以此实现外界空气与管道内物质的热交换的装置。冷凝器的冷凝指的是其管道内的制冷剂散热从气态凝成液态。其原理与发动机的散热器相近（区别只在于散热器的冷却液一直是液态而已），所以它经常被安装在车头，与散热器一起，共同享受来自前方的习习凉风。总之，冷凝器是哪里凉快哪里去，以便其散热冷凝。蒸发器与冷凝器正好相反，它是制冷剂由液态变成气态（即蒸发）吸收热量的场所。

（3）压缩机　压缩机是空调制冷系统的"心脏"，它是一种使制冷剂在系统内循环的动力源。

（4）管道　由于要注入一定压力的制冷剂，所以必须采用金属管道。特别是从压缩机到冷凝器到制冷剂罐再到膨胀阀这段，由于属于系统的高压段，所以比其他管道有更高的耐高压要求。

2. 制冷剂种类

目前大部分小汽车（主要指民用小车）上用的制冷剂有 R12 制冷剂和 R134a 制冷剂两种。R12 制冷剂是一种普通制冷剂，含有会破坏臭氧层的物质——氟利昂，而且在明火下会生成对人体有害的物质；而 R134a 是一种新型环保制冷剂，具有无毒、无色、不燃不爆、热稳定性好等性质，更重要的是 R134a 制冷剂不损害臭氧层。

这两种制冷剂的化学结构互不相同，所以在汽车上是不通用的。而且它们配套使用的制冷剂油也不可互溶，如果加错制冷剂，则会使制冷系统损坏。

任务实施

教学活动　加注、补充汽车空调工作介质

1. 检测工具、仪表准备

整车一辆、压力表组（图 2-27 和图 2-28）、空调系统泄漏检测修复工具一套、制冷剂罐若干。

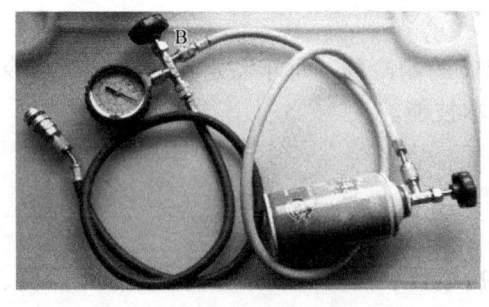
图 2-27　单表式测压表

图 2-28　双表式测压表

2. 实训步骤

（1）空调泄漏检查

1）目测检漏。当发现系统某处有油迹时，此处可能为渗漏点。这种方法简便易行，没有成本，但是有很大缺陷，除非系统有突然断裂的大漏点，否则很难查到。

2）用紫外线灯检测泄漏。检测泄漏也可以用紫外线灯检测，如图2-29所示。

（2）加注制冷剂

1）先将补充管开瓶器端中的顶针逆时针旋转至最顶端，将制冷剂罐（图2-30）旋进开瓶器中，旋紧。

图2-29 用紫外线灯检测制冷剂泄漏

图2-30 R134a罐装制冷剂

2）找准低压接口，接口盖上面有个L字样，将接口盖旋下，如图2-31所示。

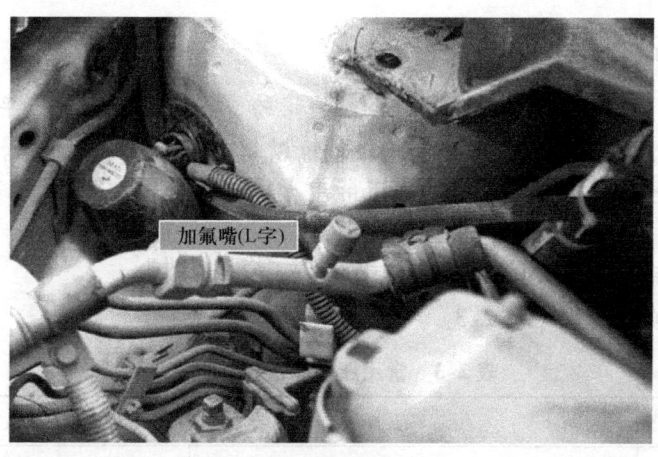
图2-31 找准低压接口

3）将汽车发动机起动并打开空调（A/C）开关，鼓风机开至最大，等待3min后将低压接口接入汽车空调低压端。

4）低压管接入低压接口后，低压管压力表瞬间就会有刻度指示。

5）读取低压管压力表压力值数。根据华氏温度与空调系统压力对照表确认系统中压力的高低，系统压力高了说明系统中的制冷剂多于正常值，反之就要补充制冷剂。如外界温度在30℃，则空调系统中的压力应该在45psi左右，小于45psi就应该补充制冷剂。华氏温度与空调系统压力对照表见表2-2。

表 2-2 华氏温度与空调系统压力对照表

序　号	华氏温度（摄氏温度）	低压表的压力
1	65℉（18.33℃）	25~35psi
2	70℉（21.11℃）	35~40psi
3	75℉（23.89℃）	35~40psi
4	80℉（26.67℃）	40~50psi
5	85℉（29.44℃）	45~55psi
6	90℉（32.22℃）	45~55psi
7	95℉（35℃）	50~55psi
8	100℉（37.78℃）	50~55psi
9	105℉（40.56℃）	50~55psi
10	110℉（43.33℃）	50~55psi

6）当空调系统中压力低，需要补充制冷剂时，将开瓶器中的顶针顺时针旋转，刺穿制冷剂罐口，开瓶器中的顶针立刻逆时针旋转至顶部，轻摇制冷剂罐，制冷剂气体会流入系统中，同时看压力表刻度，查看压力表的显示数值是否符合表 2-2 的规定。

7）观察到压力表刻度正常时，立即将开瓶器中的顶针顺时针旋转至最下端并旋紧，移动空调系统低端口接头。如果一罐加入后不够，则按上述方法加入第二罐制冷剂，直到外界温度与系统压力一致为止。

8）汽车空调系统制冷剂补充完成后，将 L 字接口盖旋紧。

拓展与提高

psi 英文全称为 pounds per square inch。p 是指磅（pound），s 是指平方（square），i 是指英寸（inch）。把所有的单位换成米制单位就可以算出：1bar≈14.5psi。

一般在国内的各种标准压力表以及通用的压力现实装置均有 MPA 和 PSI 两种标志。

$$1psi = 6.895kPa = 0.068\,947\,6bar = 0.006\,895MPa$$

欧洲与国内相同也使用 MPa，而在美国常用的单位是 psi。

常用压力单位换算关系见表 2-3。

表 2-3 常用压力单位换算关系

帕（帕斯卡）	Pa	$1Pa = 1N/m^2$
千帕	kPa	1kPa = 1000Pa
兆帕	MPa	1MPa = 1×1000000Pa
巴	bar	1bar = 0.1MPa
标准大气压	atm	1atm = 101325Pa
工程大气压	at	1at = 98066.5Pa
蒸汽压力（英制）	psi（磅/平方英寸）	$1psi = 1lb/in^2 = 6894.76Pa$

项目二 汽车整车检查

项目描述

汽车整车综合检查项目包括对汽车主要螺栓紧固情况进行检查和对汽车电器熔丝的检查维护主要内容。

任务一　汽车主要紧固件连接情况的检查

任务目标

1. 了解汽车常用螺栓、螺母与螺钉等标准件相关知识。
2. 学会辨别汽车各部位使用的不同类型的螺栓、螺母、弹性挡圈和螺钉。
3. 掌握汽车零部件连接螺栓拧紧力矩的大小和装配顺序。
4. 会对汽车主要螺栓紧固情况进行检查。
5. 对上海大众 3000 轿车螺栓拧紧情况进行检查，对于螺栓松旷的情况以规定力矩拧紧。

任务描述

对汽车主要螺栓紧固情况进行检查包括对发动机、底盘、电气、车身各系统零部件及附件连接螺栓情况的检查。重点检查紧固件是否断裂、松动或脱落，有拧紧力矩要求的紧固件同时检查拧紧力矩的大小，锁紧件是否失效。

知识储备

1. 汽车常用螺栓、螺母与螺钉等标准件

紧固件归属标准件，是将两个或两个以上的零件（或构件）紧固连接为一体时所采用的一类机械零件的总称。

紧固件包括螺栓、螺柱、螺钉和螺母、垫圈、销、挡圈、焊钉、铆钉、连接副、木螺钉、自攻螺钉。其中，常用螺纹紧固件有螺栓、双头螺柱、螺钉和螺母。常用螺纹紧固件如图 2-32 所示。

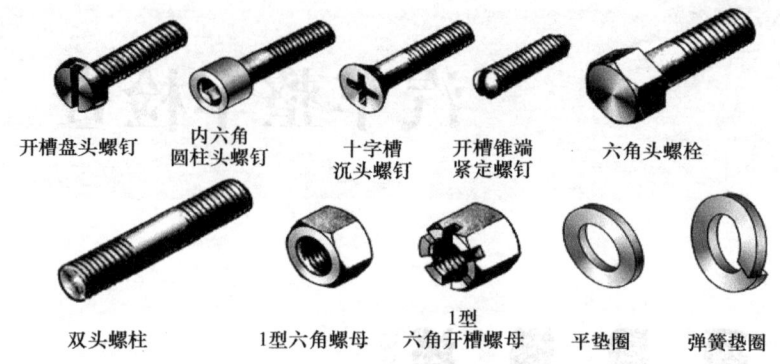

图 2-32　常用螺纹紧固件

2. 螺栓拧紧力矩

螺栓拧紧力矩是选定螺栓类型和种类的重要依据。对于标准的螺栓，有固定的拧紧力矩。因此，紧固大小不同的螺栓需要按规定的拧紧力矩。

螺栓规格与需要的拧紧力矩见表 2-4。

表 2-4　螺栓规格与需要的拧紧力矩

螺栓强度级	屈服强度/MPa	螺栓公称直径/mm					
		6	8	10	12	16	20
		拧紧力矩/N·m					
4.6	240	4~5	10~12	20~25	36~45	90~110	170~210
5.6	300	5~7	12~15	25~32	45~55	110~140	210~270
6.8	480	7~9	17~23	33~45	58~78	145~193	282~376
8.8	640	9~12	22~30	45~59	78~104	193~257	376~502
10.9	900	13~16	30~36	65~78	110~130	280~330	540~650
12.9	1 080	16~21	38~51	75~100	131~175	326~434	635~847

3. 螺栓拧紧的注意事项

1）由于螺纹连接是依靠螺纹之间的摩擦力起锁紧作用的，所以螺母与螺栓之间必须有一定的预紧力。因此，对于气缸盖螺母、连杆螺栓、主轴承座螺栓、飞轮螺栓以及车轮螺栓等关键部位的连接螺栓，必须按照《使用手册》规定的力矩可靠拧紧。

2）不能随意更换安装方向。

① 双头螺柱。例如气缸盖双头螺柱，有的气缸盖双头螺柱一端丝扣长，另一端丝扣短。安装时，应该将丝扣较短的一端拧入气缸体（或气缸盖），丝扣较长的一端用来安装螺母。如果装反了，则安装固定螺母时丝扣可能不够用。有的气缸盖双头螺柱一端为细牙螺纹，另一端为粗牙螺纹。粗牙螺纹应该安装在气缸体上，细牙螺纹用来安装气缸盖螺母。

② 带圆台的螺母。有的机型的气缸盖固定螺母带圆台。安装时，应该将螺母的圆台朝向气缸盖，使该螺母圆台的端面与连接件贴合良好，从而增加两者之间的摩擦力。

③ 反牙螺纹。例如汽车左侧车轮轮盘上的固定螺母，安装这种螺母时应该与一般螺母反着来，即拧紧时逆时针方向用力，拆卸时顺时针方向用力。如果搞反了，那么就会出现想拧松实际越拧越紧的情况。区分反牙螺纹的方法很简单：正面观察螺纹丝的走向，如果螺纹丝从左到右逐渐降低，那么就是反牙螺纹；如果螺纹丝左低右高，那么就是正牙螺纹。

④ 处于垂直方向的螺栓。应该尽量由上而下插入。如果从下向上安装，则一旦螺母松脱，螺栓就跟着掉下来，造成连接件脱离。

⑤ 处于水平方向的螺栓。一般应该从内向外安装，这样做一是便于检查和发现螺栓是否松动，二是争取依靠邻近零件阻止螺栓退出。另外，汽车钢板弹簧上"钢板卡子"（限制钢板弹簧横向位移的夹箍）的固定螺栓，安装时螺栓头部应该朝向车厢中间，螺母朝向车轮，这样万一螺母松脱，螺栓退出夹箍后不至于与高速旋转的车轮相碰，避免该螺栓伸出刮坏橡胶轮胎。

⑥ 不能随意更换螺栓的长短。

⑦ 蝶形弹簧垫片的装配方向应正确。

正确的安装方向应该是将蝶形弹簧垫片的凹面朝向连接件，凸面朝向螺母。这样螺母拧紧后，由于蝶形弹簧垫片受力变形，支承表面受到反作用力而起到锁止作用。

任务实施

教学活动　检查上海大众3000轿车螺栓拧紧情况

1. 检测工具和仪表准备

三角木、举升机、普通工具和扭力扳手。

2. 操作步骤

1) 在汽车上找出关键部位的螺栓。

2) 在表2-4中查出关键部位的螺栓需要的拧紧力矩。上海大众桑塔纳3000轿车螺栓拧紧力矩见表2-5。

3) 用扭力扳手将关键部位的螺栓按拧紧力矩的大小拧紧。

表2-5　上海大众桑塔纳3000轿车螺栓拧紧力矩一览表

序号	发动机部分 名称	拧紧力矩/N·m	序号	底盘部分 名称	拧紧力矩/N·m
1	发动机和变速器盖板	10	1	右侧液压件自锁螺母	40
2	变速支架上排气管	25	2	左侧液压件自锁螺母	40
3	排气弯头上排气管	30	3	发动机前、后衬套	70
4	气缸体上前发动机支架	25	4	稳定杆	25
5	发动机支架	35	5	前悬架臂下支座自锁螺母	60
6	发动机和变速器的紧固螺栓	55	6	球形接头自锁螺母	65

（续）

序号	发动机部分 名称	拧紧力矩/N·m	序号	底盘部分 名称	拧紧力矩/N·m
7	发动机紧固螺栓	20	7	球形接头自锁螺母	50
8	散热器下支座	10	8	外球笼自锁螺母	230
9	带轮	20	9	内球笼自锁螺母	45
10	张紧轮	45	10	制动钳	70
11	凸轮轴齿轮	80	11	横拉杆球头	30
12	中间齿轮型轮	80	12	前减振器自锁螺母	60
13	齿型轮（M14×1.5）	200	13	前轮胎螺栓	110
14	油底壳	20	14	前减振器螺母盖	150
15	气罩	10	15	后减振器下孔	70
16	分电器压板	25	16	轴承支架	70
17	机油滤清器支座	25	17	轴承支架与车身	45
18	汽油泵	20	18	后减振器顶部自锁螺母	35
19	发动机左支架	30	19	后轮短轴紧固	60
20	水泵	20	20	后轮胎螺栓	90
21	飞轮	80	21	前制动片螺栓	40
22	压盘（对角拧）	25	22	真空加力泵	20
23	后油封凸缘	10	23	后轮胎螺栓	110
24	轴承盖（大瓦）	65	24	制动轮缸	20
25	密封凸缘	25			
26	轴承盖（凸轮轴）	20			
27	机油压力开关	25			
28	吸油管	10			
29	机油泵	20			
30	放油螺塞	30			
31	风扇热敏开关	25			

3. 诊断验收标准

按照表2-5中规定拧紧力矩的大小验收。

螺纹的检查、拧紧规范

1）装配螺钉、螺栓时，其长度要适当，不得露出太长或旋入部位过短；螺栓和螺母拧紧后一般必须保证螺栓露出2~3个螺距。对于技术要求较高的部位，不得任意用其他螺栓、螺母代替。

2) 紧固时要按一定顺序进行，如从内向外、从左到右、从上到下、从前到后等，以免漏装螺栓、螺母及锁销。

3) 对于用多个螺栓连接的接合面，在装配时应按规定的先后顺序分数次拧紧。如果无特殊规定，则一般应顺时针、交叉、对称地拧紧，不要先将某一螺栓一次拧到规定力矩，以防因受力不均匀而使零件变形或损坏。如果有定位销，则应从靠近定位销的螺栓开始拧紧。

4) 所有的紧固螺钉、螺母均不应松动，应配的弹簧垫圈、平垫圈、开口销、锁片等都要配齐并紧固。

5) 在紧固时，应注意旋转方向，如左旋或右旋，以防搞错，特别是在拆卸时。

6) 螺钉和螺母拧紧后，其支承面应与被紧固件贴合。

7) 在紧固时，严禁乱打乱敲，不可用力过猛，以防损坏螺纹及造成螺栓、螺母的裂纹或折断。

8) 凡对M8以上螺栓、螺母有紧固要求的，均应按规定使用扭力扳手拧紧。

9) 若位置难以用扭力扳手检测，则可用观察弹簧垫圈的方法进行检查：弹簧垫圈必须压平且M10以下紧固件弹簧垫圈开口必须基本重合，M10~M18紧固件弹簧垫圈开口不得大于2mm，M20以上紧固件弹簧垫圈开口不得大于3mm，且所有弹簧垫圈不得外撇，否则就判定弹簧垫圈失效。

10) 对于无弹簧垫圈或虽有弹簧垫圈但观察困难的部位，手感判定拧紧程度，用与被检件相适应的标准呆扳手以拧紧的方式进行检验，若扳手不转动或转动不超过半圈，则判定为紧固；若扳手转动超过半圈，则判定为松动，还必须拧紧。

用气动工具或电动工具紧固有规定力矩的螺钉的注意事项

1) 用定力矩的气动工具或电动工具紧固时，可调节好力矩，用气动或电动工具紧固到位。

2) 用不是定力矩的气动工具或电动工具紧固时，可选择小于规定力矩的气动工具或电动工具先按顺序紧固，然后用力矩扳手紧固到位，以扭力扳手响两声或两次为准。

方向性管接头拧紧、双螺母锁紧、醒目标记制作及平垫紧固原则

1) 方向性管接头拧紧：有方向要求的管接头优先拧紧。

2) 双螺母：有软垫时，需用双螺母紧固。

3) 紧固完成的重要螺纹紧固件都必须涂红漆等做醒目标记，以利于自检和检验。注意点漆时点螺栓与螺母接合处（即螺栓、螺母上对应处均有漆）。

4) 当钻的孔超过规定值或孔为长圆孔时，必须加平垫圈紧固。

任务二　汽车熔断器和熔丝的检查

任务目标

1. 了解汽车熔断器和熔丝相关知识。

2. 掌握在实车上查找熔丝的方法。
3. 会在实车上找到并更换相关部件用的熔丝。

任务描述

一辆汽车左前照灯不工作，经拆下灯泡检查发现灯泡没有损坏，怀疑是左前照灯熔丝熔断，这就需要在实车上找到该熔丝并更换，同时还应诊断熔断的原因。

知识储备

熔丝最基本的作用是当电路电流异常并且超过其额定电流时熔断，起到保护电路的作用，如图 2-33 和图 2-34 所示。

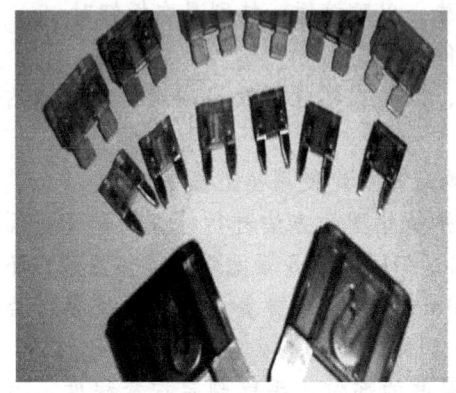

图 2-33　熔丝

图 2-34　实车上的熔丝

熔丝有两个重要的工作参数，一个是额定电流，一个是额定电压，使用时要根据电路的电流和电压来选择相对应的熔丝。

在结构上，一般车用熔丝采用插片式设计，熔丝拥有工程塑料外壳，包裹着锌或铜制成的熔体结构，金属熔体和插脚连接。

汽车插片式熔丝的规格一般为 2~40A，其安培数值会在熔丝的顶端标注。如果熔丝烧坏了而且安培数值无法辨认，则还可以通过它的颜色来判断。国际标准中的对应关系：2A—灰色；3A—紫色；4A—粉色；5A—橘黄；7.5A—咖啡色；10A—红色；15A—蓝色；20A—黄色；25A—无色透明；30A—绿色；40A—深橘色。

由于汽车上的零部件和电子设备很多，而且每个设备都会装有熔丝，因此为了便于日后的维修，每辆车在设计之初，设计师便把汽车熔丝都集中设计在一个地方，而这个地方被称为熔断器。

一般一辆车拥有两个熔断器：一个在驾驶人左侧附近，管理着车内的用电器，如车窗升降器、安全气囊、电动座椅和点烟器等，如图 2-35 所示；一个位于发动机舱内，管理着汽车外部的用电器，如发动机控制单元、喇叭、玻璃清洗器、ABS、前照灯等，如图 2-36 所示。

单元二 汽车整车维护与检查

图 2-35 车内熔断器

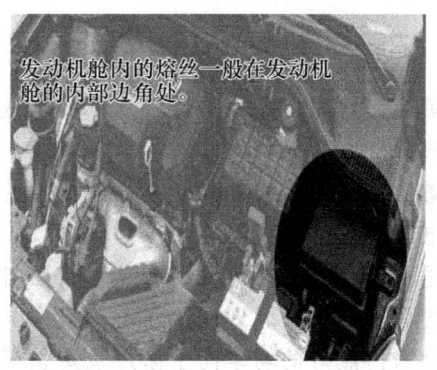

图 2-36 车外熔断器

任务实施

教学活动　检查与更换汽车熔丝

1. 检测工具、仪表准备

整车一部、万用表、各种规格的熔丝。

2. 操作步骤

1）找到熔丝盒位置,打开熔丝盒盖,找到熔丝盖内侧熔丝、继电器位置对照表。

2）根据熔丝、继电器位置对照表确定车上某个熔丝位置。

注意:有的车型熔丝盒盖内侧无熔丝、继电器位置对照表,可查阅该车型的《维修手册》或《线路图》来确定熔丝代号、型号及位置。

3）对照熔丝、继电器位置对照表(《维修手册》或《线路图》)找到熔丝实际位置,如图 2-37 和图 2-38 所示。

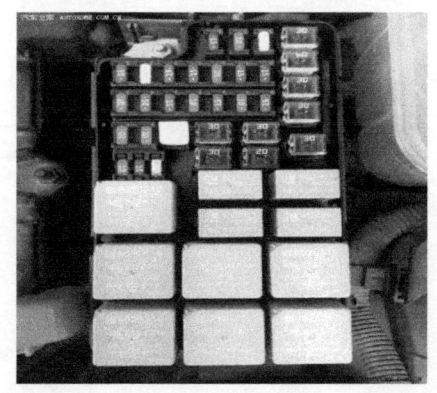

图 2-37 熔丝盒

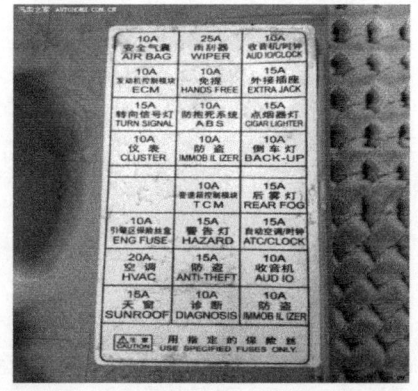

图 2-38 熔丝、继电器位置对照表

4）利用汽车配备的专用工具拔出损坏的熔丝,之后换上备用的新熔丝即可。目前车辆使用的插片式熔丝没有正、负极之分,因此在更换熔丝时只要注意熔丝大小和安培数就可以。

拓展与提高

更换熔丝时，一定要选择正确安培数的熔丝，不能随意加大熔丝的电流规格，更不能用铁丝代替。

熔丝常常无故烧蚀，产生此类故障的原因一般归结于两种：一是用电器负载过大，二是汽车电路中有短路现象发生。

用电器负载过大的原因有改装前照灯和音响设备、使用不合格的点烟器插头、大功率用电器接驳点烟器等。因此，在改动汽车电路前，应事先了解汽车原厂用电器的功率和最大负载，如当前照灯的功率高于原厂设定值时，就有可能造成车灯熔丝经常烧蚀。

如果汽车的电器没有经过任何改动也出现熔丝烧蚀的现象，则需要检查汽车的电路是否短路。在日常的养护上，不用水管直接冲洗发动机舱是避免熔断器以及电路短路的好习惯；也可以通过目测观察是否有电线胶皮老化裸露金属铜线而造成短路；此外，在进行车内清洗或铺设地板胶时，也应注意避免触碰到埋藏在地板内的电线。

单元三

汽车发动机整机及各系统元件的检查与调整

项目一

发动机整机性能的检测

项目描述

发动机整机性能检测有很多方面,其中气缸密封性的检测是发动机整机性能检测的检测项目之一,气缸密封性的检测方法有气缸压缩压力的检测、气缸漏气量的检测、进气管真空度的检测和曲轴箱窜气量的检测等。其中气缸压缩压力的检测是气缸密封性的检测的基本方法。

任务　气缸压缩压力的检测

任务目标

1. 掌握在不解体的条件下检测气缸密封性的常用方法和检测原理。
2. 理解气缸的密封性概念,知道有哪些零部件的技术状况影响气缸的密封性。
3. 会用气缸压力表检测气缸压缩压力。

任务描述

气缸的密封性是指气缸的密封性能。气缸压缩压力的检测是检测气缸密封性的方法之一。

发动机气缸密封性下降会使发动机功率下降、燃油消耗率增加、使用寿命大大缩短。因此,要对气缸的密封性进行检测。

知识储备

由于气缸密封性与气缸体、气缸盖、气缸垫、活塞、活塞环和进、排气门等零部件的技术状况有关,因此检测气缸密封性也能判断以上这些零部件的技术状况是否良好。

1）气缸周围零件如图 3-1 所示。

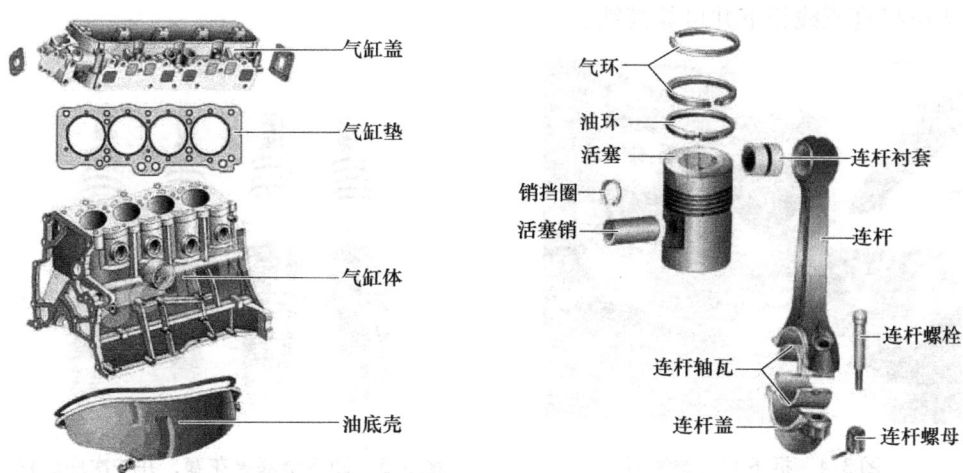

图 3-1　气缸周围零件

2）检测活塞到达压缩行程上止点时气缸压缩压力的大小，该指标可以表征气缸密封性的好坏。

3）气缸压缩压力是指发动机不着火的工作条件下，活塞到达压缩行程上止点时气缸内气体压力的大小，一般用气缸压力表来测量。气缸压力表及其安装如图 3-2 和图 3-3 所示。

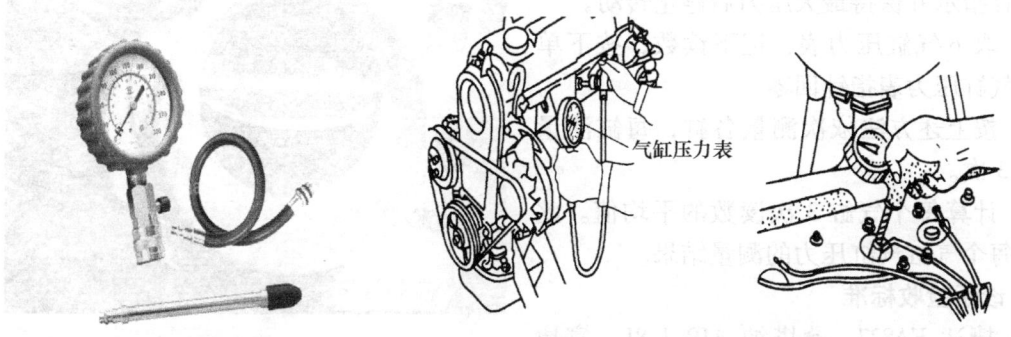

图 3-2　气缸压力表　　　　　　图 3-3　气缸压力表的安装

任务实施

教学活动　用气缸压力表检测气缸压缩压力

1. 检测工具、仪表准备

发动机一台，通用工具一套，气缸压力表一只。

2. 检测步骤

1）发动机正常运转，使冷却液温度达到正常工作温度（80~90℃）以上。

2）使发动机停机，拆下空气滤清器，如图 3-4 所示。用压缩空气吹净火花塞或喷油器周围的灰尘和脏物。

3）卸下全部火花塞，并按气缸次序放置，如图 3-5 所示。对于传统汽油机，还应把分电器中央电极高压线拔下并可靠搭铁。

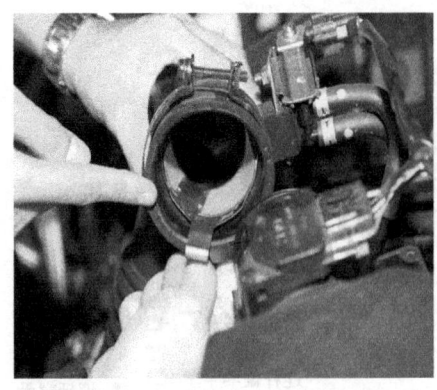

图 3-4　拆下空气滤清器

图 3-5　卸下全部火花塞，并按次序放置

4）安装气缸压力表。把气缸压力表的橡胶接头插在被测缸的火花塞孔内，扶正压紧，如图 3-3 所示。

5）使节气门置于全开位置，如图 3-6 所示。

6）拧动点火开关，用起动机转动曲轴 3~5s（不少于四个压缩行程），待气缸压力表表头指针指示并保持最大压力后停止转动。

7）取下气缸压力表，记下读数，按下单向阀使气缸压力表指针回零。

8）按上述方法依次测量各缸，每缸测量次数为 3 次。

9）计算每个气缸 3 次读数的平均值。此值便是每个气缸气缸压力的测量结果。

3. 诊断验收标准

1）捷达 EA827、桑塔纳 AJR 1.8L、富康 TU3 发动机气缸压缩压力的标准值，见表 3-1。

图 3-6　使节气门置于全开位置

2）大修竣工后发动机的气缸压力应符合原设计规定。对于每缸压力与各缸平均压力的差，汽油机不超过 8%，柴油机不超过 10%。

表 3-1　常见几种车型的气缸压缩压力值

发动机型号	压 缩 比	气缸压缩压力值/kPa	各缸压力差/kPa
捷达 EA827	8.5	900~1 100	不大于 300
桑塔纳 AJR 1.8L	9.3	1 000~1 350	300
富康 TU3	8.8	1 200	300

项目二

汽车发动机各系统元件的检查与调整

项目描述

汽车发动机由机体组、曲柄连杆机构、配气机构、燃料供给系统、润滑系统、冷却系统、点火系统、起动和充电系统以及电控系统组成。

发动机以上各机构、各系统元件出现故障,都会直接或间接影响到发动机的正常工作,因此对发动机各系统元件进行检查维护尤为必要,可以预防故障的发生。当发动机出现故障后,可以通过一系列检测手段诊断出故障的位置并进一步进行修复。

任务一　点火系统元件的检查

任务目标

1. 会拆装火花塞、检查火花塞技术状况。
2. 会进行发动机试火及高压线电阻的检查。
3. 会用正时灯检测有分电器式电控发动机点火系统的点火正时。
4. 会用路试法检测汽油机点火系统的点火正时。
5. 会用万用表对神龙富康轿车发动机点火线圈进行诊断。

任务描述

检查点火系统元件包括拆装火花塞、检查火花塞技术状况、发动机试火及高压线电阻的检查、用正时灯检测有分电器式电控发动机点火系统的点火正时、用路试法检测汽油机点火系统的点火正时以及用万用表对点火线圈进行诊断。

检查点火系统元件对诊断点火系统故障意义重大。

知识储备

1. 发动机点火系统的定义

为了在气缸中定时地产生高压电火花,汽油机设置了专门的点火装置称为发动机点火系统。

2. 发动机点火系统的分类

汽油发动机点火系统分为传统点火系统和电子点火系统。电子点火系统又分为普通电子点火系统和电控电子点火系统。电控电子点火系统的类型又分为有分电器式点火系统和无分电器式点火系统。

(1) 普通电子点火系统 汽油机普通电子点火系统电路如图3-7所示。

(2) 电控电子点火系统

1) 汽油机有分电器电控点火系统的特点是只有1个点火线圈。它主要由凸轮轴/曲轴位置传感器、空气流量计、冷却液温度传感器、节气门位置传感器、起动开关、空调开关和车速传感器组成。

汽油机有分电器电控点火系统如图3-8所示。

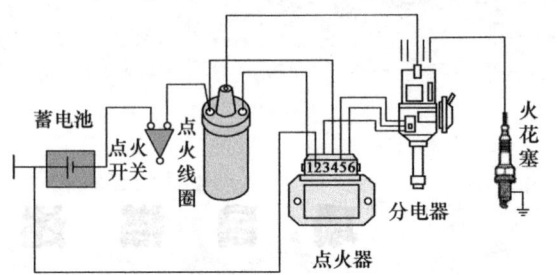

图3-7 汽油机普通电子点火系统电路

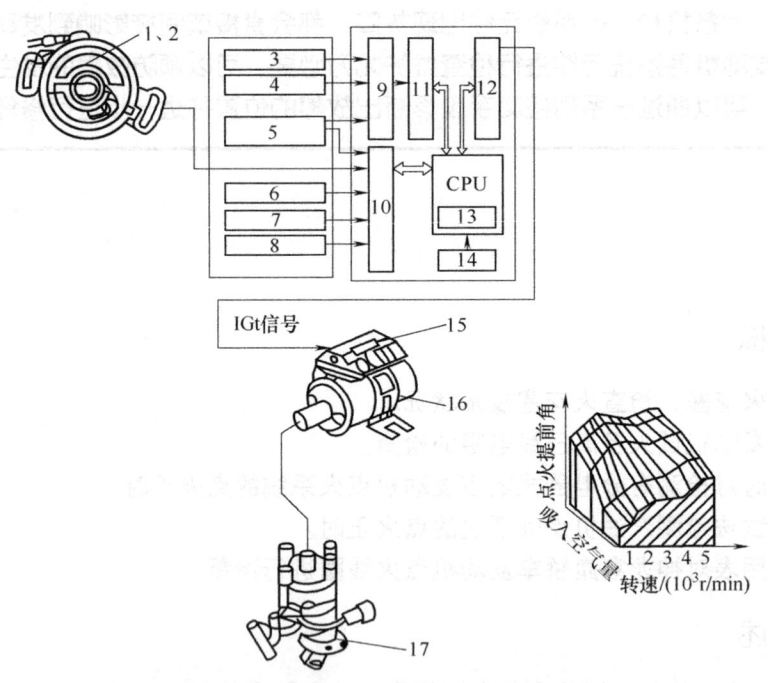

图3-8 汽油机有分电器电控点火系统

1、2—凸轮轴/曲轴位置传感器 3—空气流量计或进气管绝对压力传感器
4—冷却液温度传感器 5—节气门位置传感器 6—起动开关 7—空调开关
8—车速传感器 9、10—输入回路 11—A-D转换器 12—输出回路 13—存储器
14—恒定电压电源 15—点火器 16—点火线圈 17—分电器

2）汽油机无分电器电控点火系统的特点是用电子控制装置取代了分电器，利用电子分火控制技术将点火线圈产生的高压电直接送给火花塞进行点火，点火线圈的数量比有分电器电控点火系统多。

根据点火线圈的数量和高压电分配方式的不同，该点火系统又可分为独立点火式、双缸同时点火式和二极管配电点火式。

① 汽油机无分电器独立点火式电控点火系统的特点是每缸1个点火线圈，即点火线圈的数量与气缸数相等。

汽油机无分电器独立点火式电控点火系统如图3-9所示。

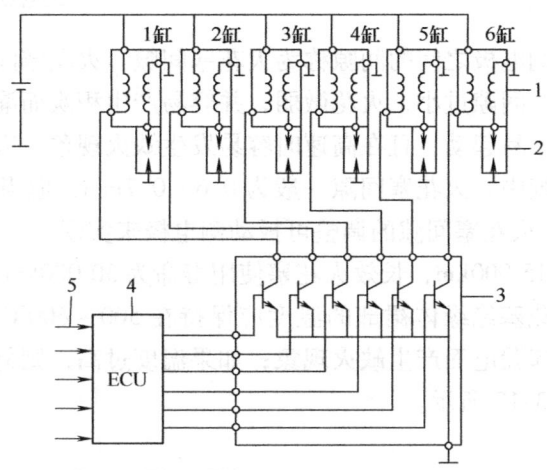

图3-9　汽油机无分电器独立点火式电控点火系统
1—点火线圈　2—火花塞　3—点火器
4—ECU　5—各种传感器

② 汽油机无分电器双缸同时点火式电控点火系统的特点是点火线圈的数量等于气缸数的一半。

汽油机无分电器双缸同时点火式电控点火系统如图3-10所示。

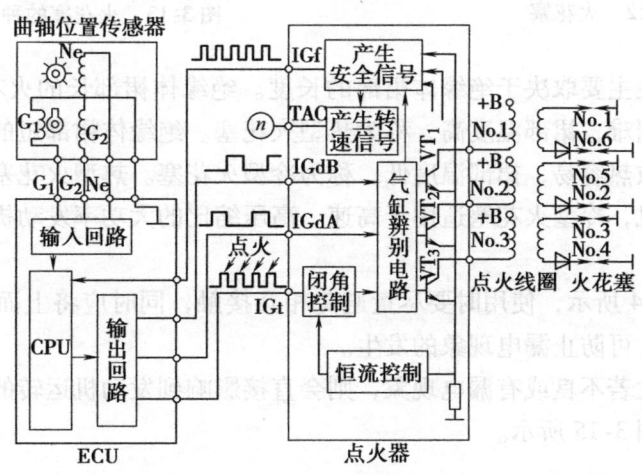

图3-10　汽油机无分电器双缸同时点火式电控点火系统

③ 汽油机无分电器二极管配电点火式电控点火系统的特点是四个气缸共用一个点火线圈。

汽油机无分电器二极管配电点火式电控点火系统如图 3-11 所示。

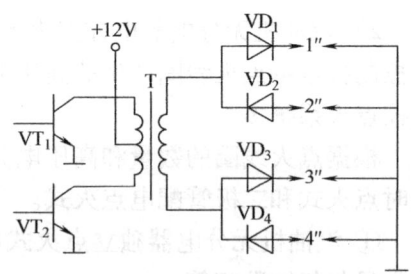

图 3-11　汽油机无分电器二极管配电点火式电控点火系统

3. 火花塞

火花塞外形如图 3-12 所示。

火花塞的功用是将点火线圈或磁电机产生的脉冲高压电引入燃烧室，并在其两个电极之间产生电火花，以点燃可燃混合气。

火花塞中心电极与侧电极之间的间隙称为火花塞间隙。火花塞间隙对火花塞及发动机的工作性能均有很大影响。间隙过小，火花微弱，并容易产生积炭而漏电；间隙过大，火花塞击穿电压增高，发动机不易起动，且在高速时容易发生缺火现象。因此，火花塞间隙的大小应适当。在传统点火系统中，火花塞间隙一般为 0.6～0.7mm，但当采用电子点火时，则间隙增大到 1.0～1.2mm。火花塞间隙的调整可扳动侧电极来实现。

火花塞使用寿命为 15 000km，长效火花塞使用寿命为 30 000km。

发动机工作时，火花塞绝缘体裙部的温度应保持在 500～600℃。如果温度过低，则绝缘体容易积炭，可能引起漏电而产生缺火现象；如果温度过高，则易引起早燃和爆燃。

火花塞的种类如图 3-13 所示。

图 3-12　火花塞

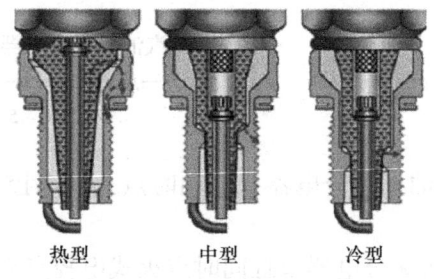

图 3-13　火花塞的种类

火花塞的热特性主要取决于绝缘体裙部的长度。绝缘体裙部长的火花塞，受热面积大，传热距离长，散热困难，裙部温度高，称为热型火花塞。绝缘体裙部短的火花塞，受热面积小，传热距离短，散热容易，裙部温度低，称为冷型火花塞。热型火花塞适用于低速、低压缩比的小功率发动机，冷型火花塞适用于高速、高压缩比的大功率发动机。

4. 高压线

高压线如图 3-14 所示，使用时要尽量避免相互接触，同时应将上面覆盖着的灰尘和油污彻底清除，这样才可防止漏电现象的发生。

高压线的导电性若不良或有漏电现象，则会直接影响到发动机运转的顺畅。用万用表检查高压线电阻，如图 3-15 所示。

5. 点火正时

点火正时是指正确的点火时刻，一般用点火提前角来表示。

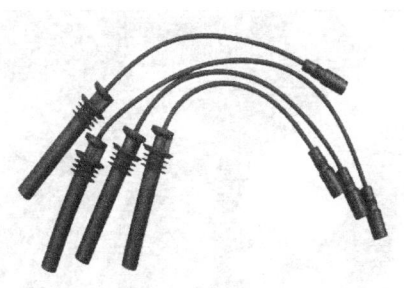

图 3-14　高压线

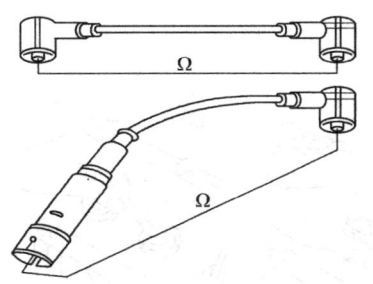

图 3-15　用万用表检查高压线电阻

6. 点火提前角

汽油机从点火时刻起到活塞到达压缩行程上止点这段时间内曲轴转过的角度称为点火提前角。能使发动机获得最佳动力性、经济性和最佳排放性能的点火提前角称为最佳点火提前角。混合气从点燃、燃烧到烧完有一个时间过程，最佳点火提前角的作用就是在各种工况下使气体膨胀趋势最大阶段处于活塞做功下降行程。这样效率最高，振动最小，温升最低。

点火过早、点火过晚及错乱均为点火系统故障。点火过早、点火过晚及错乱故障的现象见表 3-2。

表 3-2　点火过早、点火过晚及错乱故障的现象

故障名称	现象
点火过早故障	起动时，阻力较大，转速低，起动困难；急速不稳，或易熄火；急加速时，有点火敲击声，耸车（发闯）；油耗增多，动力不足，行车收油时车辆向前闯；急速行车时，车速不稳等
点火过迟故障	发动机发闷；加速无力；高速无力；耸车；温度易升高；达不到预期转速；排气管冒黑烟；排气放炮，急加速时回火等
点火错乱故障	发动机不易起动，回火，放炮；急速不稳，易熄火；发动机综合性能下降

任务实施

教学活动 1　拆装火花塞及检查火花塞技术状况

1. 诊断工具、仪器仪表准备

汽油发动机一台，万用表一个，通用工具一套，报废火花塞若干只。

2. 拆装火花塞的步骤

1）拔下高压线，如图 3-16 所示。拔下高压线接头时应轻柔，操作时不可用力摇晃火花塞绝缘体，否则会破坏火花塞的密封性能。拔下高压线一定要握住接头部分，避免拉伤线与接头的接触部位。

2）冷却发动机。

3）用高压气枪逐一吹净火花塞周围的污物，以防火花塞旋出后污物落入燃烧室内。

4）旋松所要拆卸的火花塞，如图 3-17 所示。旋松所要拆卸的火花塞后取出火花塞，检查火花塞的技术状况。

5）先用套筒将火花塞对准螺孔，轻轻拧入，拧到约螺纹全长的 1/2 后，再用加力杠杆

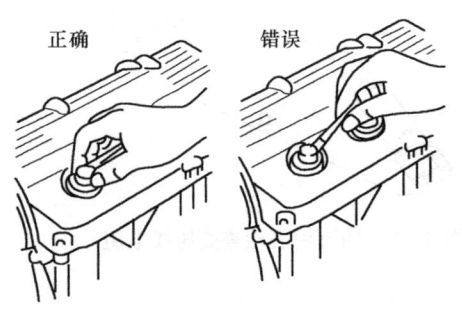
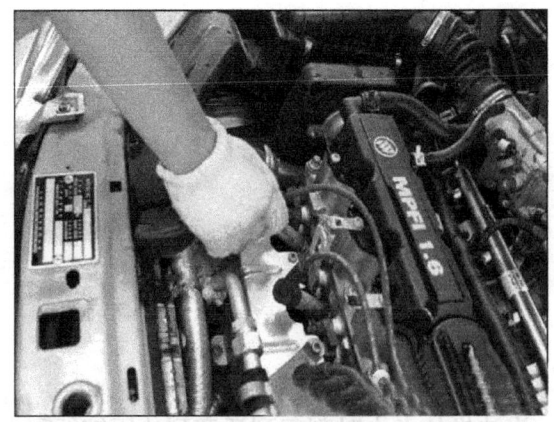

图 3-16 拔下高压线

图 3-17 旋松所要拆卸的火花塞

紧固。

若拧动时手感不畅,则应退出检查是否对正螺扣或螺纹中有无夹带杂质,切不可盲目加力紧固,以免损坏螺孔,殃及气缸盖,特别是铝合金气缸盖。

>>> **注意** 按要求力矩拧紧,拧紧力矩见表 3-3。过松会造成漏气;过紧会使密封垫失去弹性,同样会造成漏气。

表 3-3 火花塞拧紧力矩

火花塞安装座形式	螺纹	安装力矩值/N·m	
		铝合金气缸盖	铸铁气缸盖
平座 (有垫圈)	M10×1.0	15	15
	M12×1.25	25	25
	M14×1.25	30	40
	M18×1.5	40	45
锥座 (无垫圈)	M14×1.25	20	20
	M18×1.5	30	30

3. 火花塞诊断验收标准

1）如果为赤褐色或铁锈色，则表明火花塞正常。

2）如果为渍油状，则表明火花塞间隙失调或供油过多，高压线短路或断路。

3）如果为烟熏之黑色，则表明火花塞冷、热型选错或混合气浓，机油上窜。

4）如果顶端与电极间有沉积物，若为油性沉积物，说明气缸窜机油，与火花塞无关；若为黑色沉积物，说明火花塞积炭而短路；若为灰色沉积物，则是汽油中添加剂覆盖电极导致缺火。

5）若严重烧蚀，如顶端起皱、有黑色花纹破裂、电极熔化，则表明火花塞损坏。

6）火花塞顶端起皱、破坏或电极熔化、烧蚀都表明火花塞已经毁坏，应予以更换。

拓展与提高

火花塞的技术状况及原因分析

1）电极熔化且绝缘体呈白色。这种情况表明燃烧室温度过高，可能是燃烧室内积炭过多。

2）电极变圆且绝缘体结有褶皱。这种情况表明发动机早燃，可能是点火时间过早或者汽油辛烷值低，火花塞热值过高等原因。

3）绝缘体顶端碎裂。爆燃燃烧是绝缘体破裂的主要原因；而点火时间过早、汽油辛烷值低、燃烧室内温度过高，都可能导致发动机爆燃燃烧。

4）绝缘体顶端有灰黑色条纹。这种条纹标志火花塞已经漏气，应更换新件。

火花塞间隙的测量及验收标准

1）间隙测量。用专用量规或塞尺检查，但塞尺所测值不太准确。应用专用工具测量并扳动侧电极来调整，不能用强力扳动或敲击中心电极，如图3-18所示。

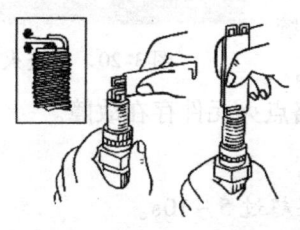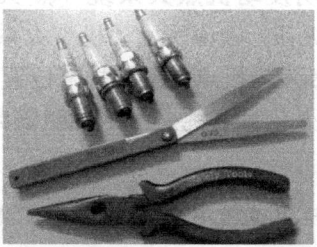

图3-18 调整火花塞电极间隙

2）调整多极性火花塞间隙时，应尽可能使侧电极与中心电极间隙一致。

3）各缸火花塞间隙应基本保持一致。

4）火花塞间隙标准值：冬季为0.6~0.7mm，其他季节为0.9~1.1mm。

教学活动2　发动机试火及检查高压线电阻

1. 诊断工具、仪器仪表准备

汽油发动机一台，万用表一只，通用工具一套，报废高压线若干根。

2. 发动机试火步骤

高压试火主要是指火花塞试火，其目的在于判断点火系统故障来自火花塞、高压线、点火线圈（点火模块）还是低压控制线路。

火花塞试火步骤如下：

1）点火开关处于OFF位置，拔下燃油泵继电器，拆下发动机上护板。对于有高压线的发动机，拔下所有高压线，卸掉全部火花塞，如图3-19所示；对于无高压线的发动机，拆下点火模块，卸掉全部火花塞。检查火花塞技术状况并用细砂纸清除火花塞积炭，用棉纱擦拭干净。检查并调整火花塞间隙至0.9~1.1mm，如图3-20所示。

图3-19　拔下所有高压线

2）在火花塞、高压线（点火模块）技术状况良好的情况下，将火花塞安装到高压线或点火模块的火花塞安装孔位置。

3）使火花塞侧电极可靠接触发动机壳体。

4）起动发动机，观察火花塞的跳火情况。

3. 火花塞的试火诊断验收标准

若火花强，则表明发动机点火系统（点火模块）工作正常；若无火花，则说明发动机点火系统存在故障，应继续诊断发动机点火系统故障位置。

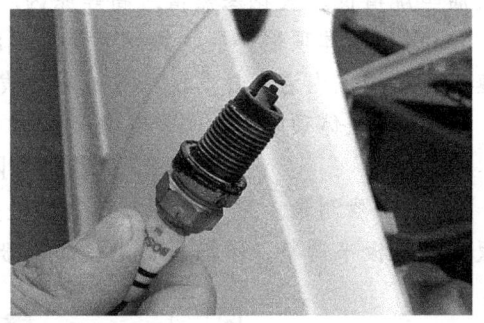

图3-20　检查火花塞技术状况

如果某个气缸的火花塞不跳火，则说明该路点火元件存在故障。

> **注意**　跳火试验时，曲轴运转不得超过5~10s。

4. 测量高压线电阻值诊断验收标准

用万用表电阻档检查中央高压线的电阻，标准值为0~2.8Ω。

用万用表电阻档检查分缸高压线的电阻，标准值为0.6~7.4kΩ。

教学活动3　用万用表对神龙富康轿车发动机点火线圈进行诊断

1. 诊断工具、仪器仪表准备

神龙富康轿车发动机一台，万用表一只，通用工具一套。

2. 检测步骤

1）在测试点火线圈之前，应拔下所有喷油器插头，以免损坏三元催化转化器。同时，主继电器工作应正常，以便带电检测。

2) 关闭点火开关,取下点火线圈插头,并了解该车气缸位置和点火线圈输出端对应关系,并作上标记,如图3-21所示,以备装复时恢复原位,防止乱缸故障。

3) 打开点火开关,短暂起动发动机,检查点火线圈组合插头的供电电压,如图3-22所示。

4) 关闭点火开关,取下点火线圈插头,检测点火线圈低压端的电阻值,如图3-23所示。

5) 关闭点火开关,取下点火线圈插头,取下点火线圈高压接头,检测点火线圈高压端的电阻值,如图3-24所示。

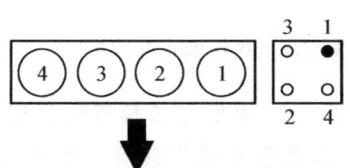

图3-21　气缸位置和点火线圈输出端对应关系

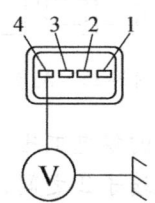

图3-22　检测点火线圈组合插头的供电电压

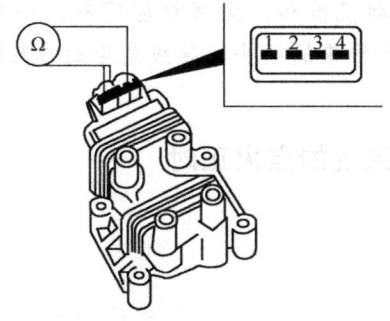

图3-23　检测点火线圈低压端的电阻值的检测

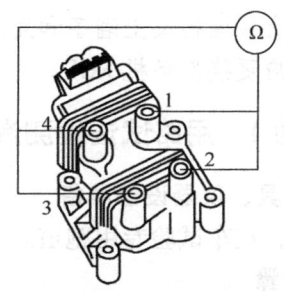

图3-24　点火线圈高压端电阻值的检测

3. 诊断验收标准

1) 插头4端与搭铁间的电压应为12V,否则应检测连接导线或主继电器的工作情况。

2) 插座1和4间、2和4间的电阻值均应为0.6~0.8Ω。

3) 检测点火线圈高压端的电阻值,次级绕组阻值应为9.5~14kΩ。

拓展与提高

桑塔纳时代超人AJR型发动机点火系统检查

桑塔纳时代超人AJR型发动机点火系采用无分电器双缸同时点火系统。点火线圈发生故障,发动机立即熄火或不能起动。ECU不能检测到该故障信息。如果一个火花塞由于断路而使这个点火回路断开,那么和它共用一个点火线圈的火花塞也因电气线路故障而不能跳火。如果一个火花塞由于短路而不能跳火,但电气回路没有断开,那么和它共用一个点火线圈的火花塞仍然能够跳火。图3-25所示为AJR型发动机点火系统电路接线图及点火线圈4针插头。

拔下点火线圈4针插头,用发光二极管测试灯连接蓄电池正极和插头上端子4,发光二极管测试灯应亮。如果测试灯不亮,则检查端子4和搭铁点的线路是否有断路。

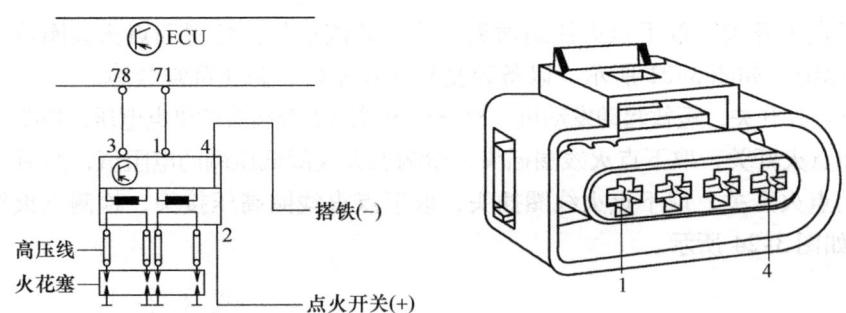

图 3-25　AJR 型发动机点火系统电路接线图及点火线圈 4 针插头

测试点火线圈的供电电压：拔下点火线圈的 4 针插头，用发光二极管测试灯连接在发动机搭铁点和插头上端子 2 之间，打开点火开关，发光二极管测试灯应亮。如果测试灯不亮，则检查中央电器 D 插头端子 23 与 4 针插座端子 2 之间线路是否断路。

测试点火线圈工作：拔下 4 个喷油器的插头和点火线圈的 4 针插头，打开点火开关，用发光二极管测试灯连接发动机搭铁点和插头上端子 1，起动起动机数秒，测试灯应闪亮，然后用测试灯连接发动机搭铁点和端子 3，起动起动机数秒，测试灯应闪亮。如果测试灯不闪，则检查点火线圈插头上端子和发动机控制单元线束的插头间导线是否断路或短路，如果线路正常，则应更换发动机 ECU。

教学活动 4　用路试法检测汽油机点火系统的点火正时

1. 检测工具、仪器设备准备

汽车一辆，汽车试验专用跑道。

2. 检测步骤

1）道路选择。应选择平坦、坚硬的直线道路或专用跑道。
2）汽车走热。
3）档位及车速条件：以最高档最低稳定车速行驶，然后突然将加速踏板踩到底，使汽车处于急加速状态。
4）听诊发动机声音。

3. 诊断验收标准

1）若能听到发动机有轻微的爆燃声且瞬间消失，则为点火正时正确。
2）若爆燃声强烈且较长时间不消失，则为点火时间过早。
3）若听不到爆燃声且加速困难，其至排气管有"噗噗"声，则为点火时间过迟。

教学活动 5　用正时灯检测传统点火系统的点火正时

1. 检测工具、仪器设备准备

传统点火系统发动机一台，正时灯一只（图 3-26a）。

2. 检测步骤

1）擦拭飞轮或曲轴带轮上 1 缸压缩行程上止点标记，最好用粉笔或油漆将标记涂白。不同车型的正时标记如图 3-27 所示。
2）将正时灯的电源线接到蓄电池的正、负极柱上。

>>> 注意　正时灯的电源线红色夹子接蓄电池正极，正时灯的电源线黑色夹子接蓄电池负极，再将传感器夹在1缸分高压线上。

3）发动机怠速下稳定运转，打开正时灯并对准飞轮壳或机体前端面上的固定指针区域，如图3-26b。

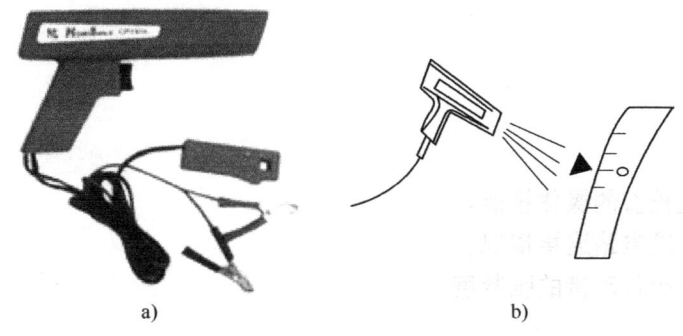

图3-26　正时灯及点火正时的检测

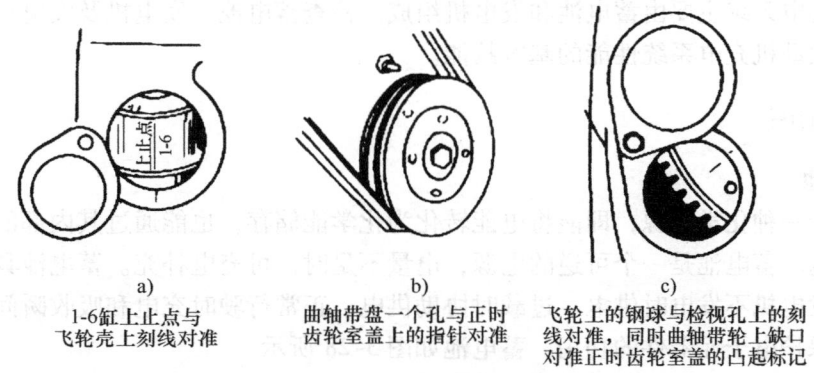

a)　　　　　　　　　　　　b)　　　　　　　　　　　　c)
1-6缸上止点与　　　　曲轴带盘一个孔与正时　　　飞轮上的钢球与检视孔上的刻
飞轮壳上刻线对准　　　齿轮室盖上的指针对准　　　线对准，同时曲轴带轮上缺口
　　　　　　　　　　　　　　　　　　　　　　　　对准正时齿轮室盖的凸起标记

图3-27　不同车型的正时标记
a) 解放牌汽车　b) 北京BJ212　c) 东风EQ1090

4）使发动机加速，观察点火提前角与转速的关系。

3. 注意事项

1）不同型号的发动机，点火提前角也不同。
2）点火提前角随转速、负荷的变化而变化。

教学活动6　用正时灯检测有分电器式电控发动机点火系统的点火正时

1. 检测工具、仪器设备准备

丰田威驰轿车发动机试验台架一台，正时灯一只。

2. 检测步骤

1）擦拭曲轴带轮上1缸压缩行程上止点标记，最好用粉笔或油漆将标记涂白。
2）将正时灯的电源线接到蓄电池的正、负极接线柱上，再将传感器夹在1缸分高压线上。

3）发动机怠速下稳定运转，打开正时灯并对准机体前端面上的固定指针区域。

4）观察怠速工况下曲轴带轮上1缸压缩行程上止点标记与固定刻线盘上刻线的相对位置，并读出点火提前角的大小。

5）开大节气门使发动机加速，观察点火提前角大小的变化情况。

6）松开分电器紧固螺钉，用手握住分电器壳，顺时针或逆时针旋转一定角度，观察点火提前角大小的变化情况，同时观察点火正时过早或过晚时发动机现象的变化情况。

任务二　充电系统元件的检查

任务目标

1. 掌握蓄电池检查的操作技能。
2. 了解充电系统电路连接情况。
3. 会检测发电机传动带的张紧度。

任务描述

汽油机充电系统主要由蓄电池和发电机组成。检查蓄电池、发电机及发电机传动带的张紧度是检查发动机充电系统性能的基本技能。

储备知识

1. 蓄电池

蓄电池是一种化学电源，即能将电能转化为化学能储存，也能通过其内部的化学反应向用电设备供电。蓄电池是一个可逆的电源，电量不足时，可充电补充。蓄电池具有起动发动机时供电、发电机不发电时供电、过载时协助供电、正常行驶时充电和吸收瞬间高电压保持电压稳定、保护电子元器件的功用。蓄电池如图3-28所示。

图3-28　蓄电池

2. 发电机

（1）结构　汽车用发电机如图3-29所示。汽车用发电机有直流发电机和交流发电机两大类。

目前汽车多采用三相交流发电机，内部带有二极管整流电路，将交流电整流为直流电，所以汽车交流发电机输出的是直流电。

单元三 汽车发动机整机及各系统元件的检查与调整

图 3-29 汽车用发电机

（2）功用 发电机是汽车的主要电源，其功用是在发动机正常运转时（怠速以上）向所有用电设备（起动机除外）供电，同时向蓄电池充电。

任务实施

教学活动 检查充电系统元件

1. 检测仪器设备准备

万用表一只，整车一辆。

2. 检测步骤

1）检查蓄电池是否有破裂、漏液现象。

2）观察蓄电池"电眼"显示的颜色。

3）确认蓄电池极性，用万用表电压档检查蓄电池电压。

4）用力按压发电机传动带，检查传动带的张紧程度，同时检查传动带的损坏程度，如图 3-30 所示。针对情况，调整传动带张紧度或更换传动带。

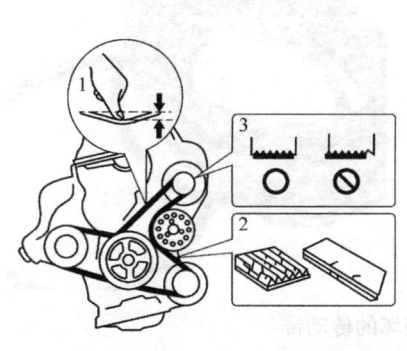 

图 3-30 检查调整传动带的张紧度及损坏程度

1—检查传动带的张紧度 2—传动带裂纹损坏 3—传动带应与带轮完全对正

5）检查发电机搭铁是否良好。用万用表电压档，红表笔接触，黑表笔接触发电机壳，读出电压值。

6）起动发动机，检查发电机的发电输出电压。用万用表电压档，红表笔接触蓄电池正极，黑表笔接触蓄电池负极，读出电压值。发动机加速，观察电压值的变化情况。

3. 注意事项

严禁使用搭铁试火法检测线路节点是否有电。

4. 诊断验收标准

1）蓄电池电眼显示绿色，说明电量充足。

2）蓄电池电眼显示黑色，说明电量低，需充电。

3）蓄电池电眼显示无色或黄色，应更换蓄电池。

4）蓄电池电压不低于 12V 为正常，低于 12V 则需充电。

5）检查传动带张紧度。检查某种车型传动带（V 带）张紧度方法：用拇指以 98～147N 的力按压传动带的中间部位，挠度应为 10～15mm。具体车型的检查验收标准参照本车型的维修手册。

检查同步带张紧度方法：用食指和拇指翻转同步带，同步带应可以翻转 90°，具体车型的检查验收标准参照本车型的维修手册。

6）检查发电机搭铁是否良好时，读数为蓄电池电压数值表示搭铁良好。

7）发电机的发电输出电压应大于蓄电池电压，且随发动机转速的升高稳定在 14V 左右不再变化为正常，否则为发电机调节器故障。

拓展与提高

传动带张紧程度检查调整方法依车型而定，某种车型的传动带张紧程度检查调整方法参阅该车型维修手册，具体的调整方法有移动发电机支架法、张紧轮支架法和转动张紧轮偏心轴法。

传动带在断裂之前会出现滑磨声，传动带表面会出现龟裂的裂纹、磨损以及剥落等前兆现象。因此，应仔细观察，如果出现上述现象，则应及时更换传动带。损坏的传动带如图 3-31 所示。

图 3-31　损坏的传动带

任务三　起动系统元件的检查

任务目标

1. 了解起动系统电路连接情况。
2. **掌握桑塔纳起动系统的组成及就车检测方法。**
3. 会用万用表就车检查桑塔纳起动机。

任务描述

起动系统线路检测时使用万用表，采用逐点搭铁检测法可确诊断路部位，采用依次拆断检测法可确诊短路搭铁部位。检测程序可从前向后，也可从后向前，或从中间向前、向后依次选择各个节点进行。主要分两个线路进行检测：一是起动控制线路，主要检测线路的通断情况；二是起动机供电线路，重点检测线路各节点的电压降情况，各节点连接处的电压降不得大于0.2V。桑塔纳起动线路简图如图3-32所示。

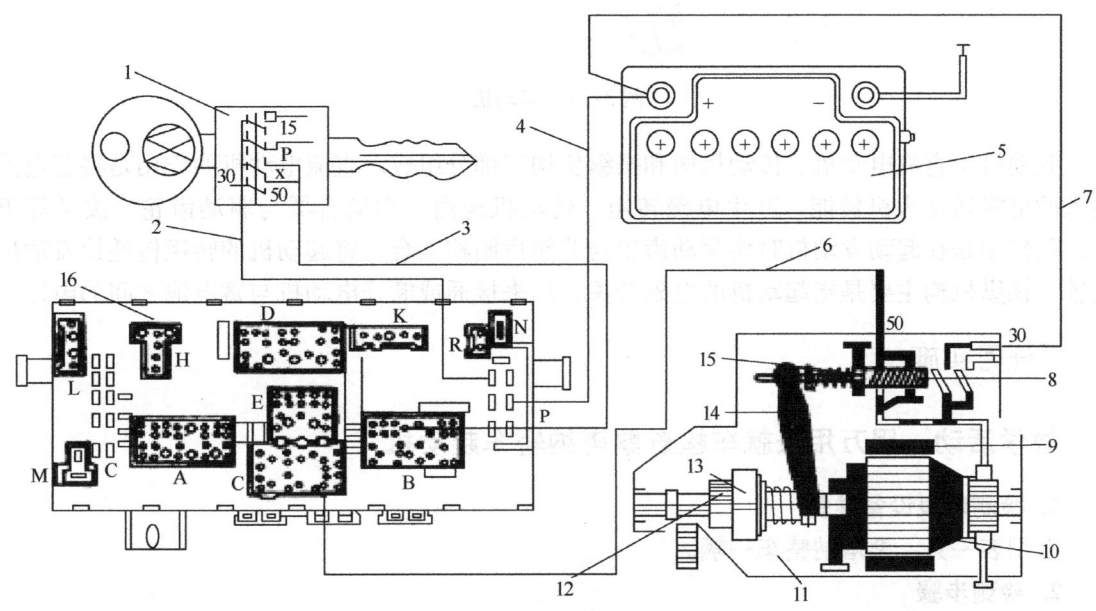

图3-32 桑塔纳起动线路简图
1—点火开关 2、4—红色导线 3、6—红黑色导线 5—蓄电池 7—黑色导线
8—电磁开关 9—定子 10—电枢 11—起动机 12—驱动齿轮 13—单向离合器
14—拨叉 15—回位弹簧 16—中央接线板

>>> 注意
① 检测起动机供电线路时，防止线路短路或搭铁。
② 试验起动系统时，点火开关应及时回位，且试验时间不宜过长。

知识储备

桑塔纳起动系统主要由蓄电池、点火开关、起动机（图3-33）和导线组成。蓄电池"+"接线柱引出电缆直接与起动机的"30"接线柱连通；同时由起动机的"30"接线柱引出红色火线接入中央接线板P区的一个接线柱P6，经内部连通P区的另一接线柱P2后经红色火线与点火开关"30"接线柱连通，经点火开关起动位"50"引出由"红/黑"色导线接入中内接线板B8接线柱，经内部连通C18，由C18再引出"红/黑"色导线接入起动机的"50"起动接线柱上。

图 3-33 起动机

起动机由直流电动机、传动机构和操纵机构三部分组成。直流电动机的作用是将蓄电池输入的电能转化为机械能,产生电磁转矩。传动机构由单向离合器与驱动齿轮、拨叉等组成,其作用是在起动发动机时使驱动齿轮与飞轮齿圈相啮合,将起动机的转矩传递给发动机曲轴。操纵机构主要是指起动机的电磁开关,用来接通或断开电动机与蓄电池之间的电路。

任务实施

教学活动　用万用表就车检查桑塔纳轿车起动机

1. 检测仪表设备准备

万用表一只,桑塔纳整车一辆。

2. 检测步骤

1) 不起动发动机,用万用表电压档测量蓄电池的电压。
2) 用万用表电压档测量蓄电池正极到起动机电缆导线接线柱的连接情况。
3) 起动发动机,检查起动瞬时蓄电池的电压。
4) 起动发动机,检查起动瞬时起动机电缆接线柱端子与起动机壳体之间的电压。
5) 起动发动机,检查起动瞬时起动机另一接线柱端子与起动机壳体之间的电压。
6) 将起动开关拨回 ON 位置,观察发动机大齿圈与起动机小齿轮之间的啮合是否脱开。

3. 诊断验收标准

1) 不起动发动机,用万用表电压档测量蓄电池的电压,标准值应为 12V 以上。若用蓄电池测试仪保持 5s 测试低于 9V,则为蓄电池故障或蓄电池电量不足。

2) 用万用表电压档测量蓄电池正极到起动机电缆导线接线柱"30"之间的电压,标准值接近 0V,否则表明连线老化、接触不良。

3) 起动发动机,检查起动瞬时蓄电池的电压,观察万用表指示值的变化情况,电压值最低降至 9.6V。若低于 9.6V,则表明蓄电池电量不足或更换蓄电池。

4) 起动发动机,检查起动瞬时起动机电缆接线柱"30"与起动机壳体之间的电压,观察万用表指示值的变化情况,电压值最低降至 8V。若低于 8V,则表明该端子与蓄电池之间的线路连接存在问题。

5) 起动发动机,检查起动瞬时起动机另一接线柱"50"与起动机壳体之间的电压,观察万用表指示值的变化情况，电压值最低降至 8V。若低于 8V。则表明蓄电池电量不足或更换蓄电池。

6）正常情况下点火开关置于 ON 位置，起动机停止工作。起动小齿轮复位，并完全脱离大齿圈的啮合。

任务四　燃油供给系统元件的检查

任务目标

1. 掌握汽油机燃油供给系统的油路情况。
2. 会用燃油压力表进行汽油机燃油压力和燃油压力调节器的检测。
3. 会用万用表进行电喷油器电阻的检查。
4. 会用电喷油器清洗机检查、清洗电喷油器。

任务描述

汽油机燃油供给系统不断地向气缸内输送滤清的燃油和清洁的新鲜空气。发动机 ECU 依据进气量的多少、转速以及其他参数控制喷油器，将定量的汽油喷入进气歧管，与经滤清器滤清后的新鲜空气混合后进入气缸，并在燃烧做功后，将燃烧产生的废气排至大气中。燃油供给系统油路情况如图 3-34 所示。

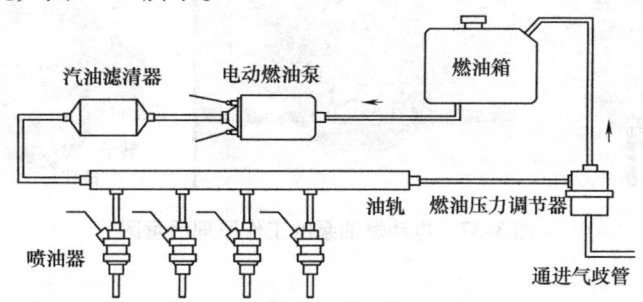

图 3-34　燃油供给系统油路情况

知识储备

汽油机燃料供给系统主要部件的形状和结构如图 3-35 和图 3-36 所示。

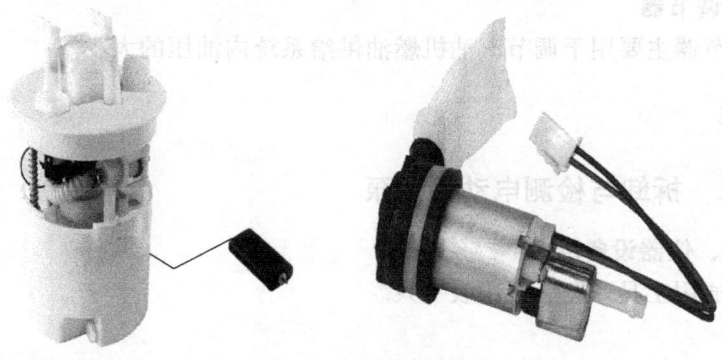

图 3-35　电动燃油泵

a)　　　　　　　　　　　　　　b)

图 3-36　燃油压力调节器、喷油器
a）燃油压力调节器　b）喷油器

1. 电动燃油泵

电动燃油泵的作用是给电控燃油喷射系统提供具有一定压力的燃油。

电动燃油泵的电动机和燃油泵制成一体，密封在同一壳体内。常用的电动燃油泵按照结构的不同分为转子式和滚柱式。电动燃油泵的工作原理示意图如图 3-37 所示。

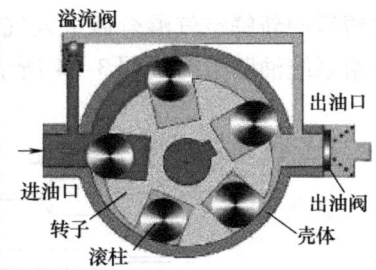

图 3-37　电动燃油泵的工作原理示意图

2. 电喷油器

电喷油器的作用是根据 ECU 指令，控制燃油喷射量。按照喷油口的结构不同，喷油器可分为轴针式和孔式两种。

喷油器主要由滤网、线束连接器、电磁线圈、回位弹簧、衔铁和针阀等组成，针阀和衔铁制成一体。

3. 燃油压力调节器

燃油压力调节器主要用于调节汽油机燃油供给系统内油压的大小。

任务实施

教学活动 1　拆卸与检测电动燃油泵

1. 检测工具、仪器设备准备

汽车一辆，通用工具一套，万用表一只。

2. 操作步骤

1）将点火开关转至 ON 位置，但不要起动发动机。

2）旋开燃油箱盖能听到燃油泵工作的声音，或用手捏进油软管应感觉有压力。

3）若听不到燃油泵的工作声音或进油管无压力，则表明燃油泵不工作。

4）若燃油泵不工作，则应检查燃油泵电路导线、继电器、易熔线或熔丝有无断路。

5）拔下电动燃油泵的导线连接器，如图3-38所示。

6）用万用表电阻档测量电动燃油泵上两个接线端子之间的电阻，即为电动燃油泵直流电动机线圈的电阻，其阻值应为2~3Ω。如果电阻值不符，则必须更换电动燃油泵。

7）若电动燃油泵电阻正常，则可进一步检查电动燃油泵供电电压，用万用表直流电压档检查电动燃油泵供电端子之间的电压，标准值应为蓄电池电压。

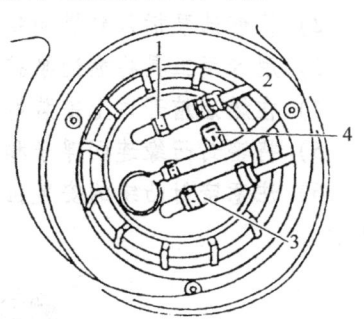

图3-38 拔下导线插头
1—回油管 2—通气管
3—进油管 4—导线插头

拓展与提高

更换燃油泵的步骤（若燃油泵损坏）

1. 燃油泵的拆卸

1）在点火开关关闭的情况下，拔下蓄电池搭铁线。

2）拆下位于行李箱内地毯下的燃油箱密封凸缘的盖板。

3）从密封凸缘上拔下进油管、回油管和通气管，再拔下电动燃油泵导线接头。

4）用专用工具旋下大螺母，如图3-39a所示。

5）从燃油箱开口处拉出密封凸缘和橡胶密封件。

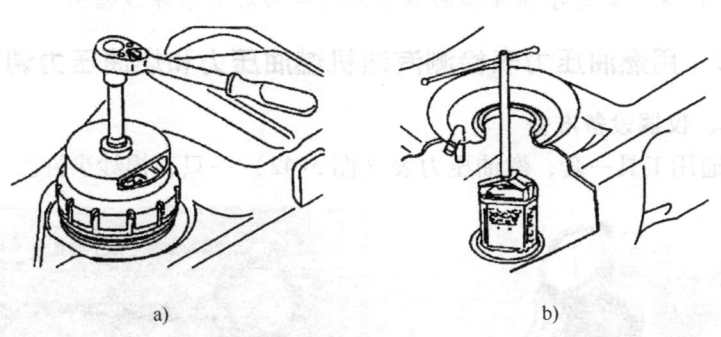

图3-39 用专用工具旋下大螺母、拆卸燃油泵
a) 用专用工具旋下大螺母　b) 拆卸燃油泵

6）拔下密封凸缘内的汽油表导线插头。

7）将专用工具插入到燃油箱内燃油泵壳体的3个拆装缺口内，旋松燃油泵，如图3-40b所示。

8）从燃油箱中拉出燃油泵。

2. 燃油泵的安装

更换新燃油泵（图3-40）后，燃油泵的具体安装步骤和方法如下：

1）将燃油泵同一密封凸缘下引出的输油管和回油管以及燃油泵接头插入到燃油泵上，

并保证软管接头连接紧固。

2) 将燃油泵插入到燃油箱内。

3) 用专用工具将燃油泵拧紧在燃油箱底部的固定位置上。

4) 在燃油箱开口上安装好密封圈，安装密封圈时用汽油将密封圈润湿。

5) 将密封凸缘连同浮子和汽油传感器插入到燃油箱开口并压到底。

6) 注意密封凸缘的安装位置，密封凸缘上的箭头必须对准燃油箱上的箭头，如图3-41所示。

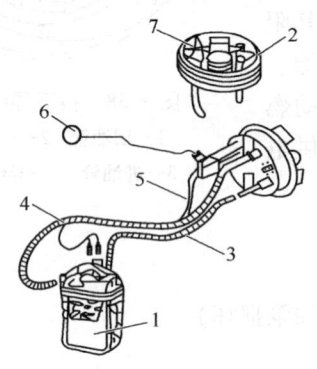

图3-40　燃油泵及其他附件
1—燃油泵　2—密封凸缘　3—回油管　4—输油管
5—导线　6—浮子　7—通气管（通向活性炭罐）

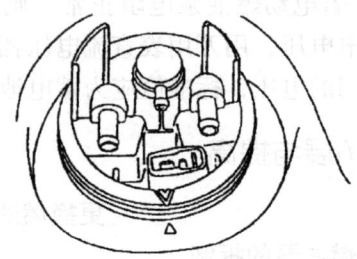

图3-41　密封凸缘与燃油箱对正标记

7) 用专用工具拧紧大螺母，如图2-39a所示。

8) 接上密封凸缘上部的输油管和回油管以及电动燃油泵导线插头。

教学活动2　用燃油压力表检测汽油机燃油压力和燃油压力调节器

1. 检测工具、仪器设备准备

汽车一辆，通用工具一套，燃油压力表（图3-42）一只，棉纱少许。

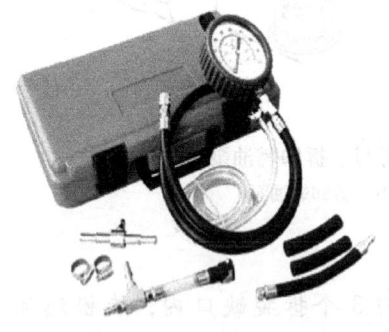
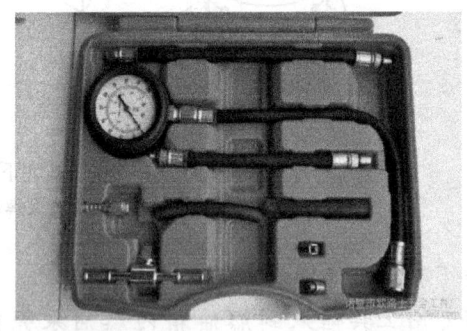

图3-42　燃油压力表

2. 检测步骤

1) 起动发动机，维持怠速运转。

2) 在发动机运转时，拔下燃油泵熔丝（燃油泵继电器也可以）或电动燃油泵接头，如

图 3-39 所示。使发动机熄火，释放燃油系统残余压力。

3) 关闭点火开关，在待松进油管接头下方垫上棉纱，拧松进油管接头，再次释放燃油系统残余压力。

4) 装上燃油泵熔丝或电动燃油泵接头。

5) 检查蓄电池电压在 12V 左右，拆下蓄电池负极电缆线。

6) 将燃油压力表接到燃油系统中，如图 3-43 所示。

图 3-43　将燃油压力表接到燃油系统

7) 接上蓄电池负极电缆线，将点火开关置于 ON 位置，但不起动发动机。

8) 读出燃油压力表指示值。

9) 起动发动机，使其维持怠速运转。

10) 读出燃油压力表指示值。

11) 拆下燃油压力调节器上的真空软管，用手堵住进气管一侧，读出燃油压力表指示的压力。

12) 接上燃油压力调节器的真空软管，使发动机加速，读出燃油压力表的指示值。

13) 将发动机熄火，等待 10min 后观察燃油压力表的压力。

14) 检查完毕后，应释放系统压力并拆下燃油压力表，装复燃油管路。

3. 诊断验收标准

1) 将点火开关置于 ON 位置时，部分车型的压力标准见表 3-4。

表 3-4　将点火开关置于 ON 位置时，部分车型的燃油压力标准

车　　型	排　　量	系统油压（接真空管）	残　　压
桑塔纳 2000	1.8L	约 300kPa	>150kPa（停车 10min 后）
本田	2.0L	265~305kPa（怠速）	>150kPa（停车 10min 后）

2) 对于桑塔纳 2000 轿车发动机，怠速运转标准油压为 250kPa±20kPa，拆下燃油压力调节器上的真空软管，标准油压为 300kPa±20kPa。

3) 对于桑塔纳 2000 轿车发动机，加速时标准油压为 280~300kPa。

拓展与提高

1) 若将点火开关置于 ON 位置时油压过高，则需继续检查燃油压力调节器。

若怠速运转和加速时燃油压力不符合标准，则说明燃油压力调节器已损坏。

2) 若将点火开关置于 ON 位置时油压过低，则需检查燃油泵的供油能力、油管和滤清器是否堵塞以及燃油压力调节器。

若怠速运转和加速时燃油压力不符合标准，则说明燃油压力调节器已损坏。

3) 接上燃油压力调节器的真空软管，燃油压力表的指示值应有所下降，否则检查真空

管是否有堵塞和漏气。

4）将发动机熄火，等待 10min 后观察燃油压力表的压力，残余压力应大于 150kPa；若低于 150kPa 并继续下降，则考虑是喷油器滴油故障。

教学活动 3　检查电喷油器的电阻及供电电压

1. 检测工具、仪器设备准备

万用表一只，普通工具一套，汽车一辆。

2. 检测步骤

1）关闭点火开关。

2）找到喷油器的安装位置并拔下喷油器插头，如图 3-44 所示。

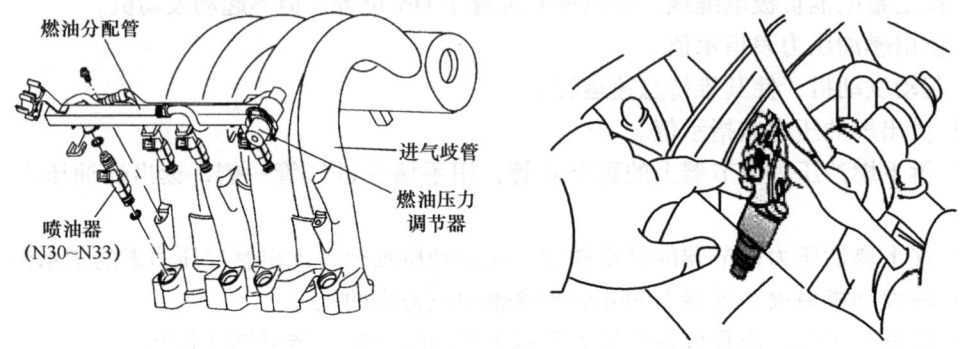

图 3-44　找到喷油器的安装位置及拔下喷油器插头

3）用万用表电阻档测量喷油器电阻，如图 3-45 所示。

4）读出每个喷油器的电阻值。

5）点火开关置于 ON 位置，用万用表直流电压档测量喷油器的供电线路电压，喷油器端子如图 3-46 所示。

6）读出每个喷油器的供电线路电压。

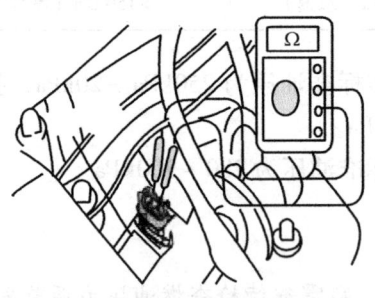
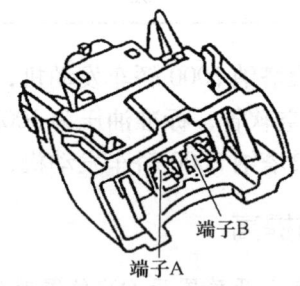

图 3-45　电喷油器电阻的检查　　　　图 3-46　喷油器端子

7）打开点火开关，起动发动机，用万用表交流电压档测量喷油器的控制线路电压是否存在交变信号（万用表显示数值呈现大小交替变化）。

8）装上喷油器插头。

3. 检测验收标准

1）喷油器的电阻值一般为 13～18Ω。

2）各种汽车喷油器的检修标准（室温20℃条件下的电阻）见表3-5。

表3-5 各种汽车喷油器的检修标准（室温20℃条件下的电阻）

车 型	喷油器阻值/Ω	车 型	喷油器阻值/Ω
桑塔纳2000GLi	15.9±0.35	丰田（TOYOTA）	13.4～14.2
桑塔纳2000GSi	13～18	本田（HONDA）	1.5～2.5
捷达AT、GTX	13～18	宝马（BMW）	15～17
奥迪200	13.5～17	奔驰（Benz）	14～16
红旗CA7220E	12±0.6	奥迪（Audi）V6	13.5～17

3）当点火开关置于ON位置时，每个喷油器的供电线路电压为9～12V左右。

4）用万用表交流电压档测量喷油器的控制线路电压，若万用表显示数值呈现大小交替变化，则说明发动机ECU正常控制喷油器喷油，进一步表明喷油器控制线路无故障。

拓展与提高

电喷油器供电控制线路故障诊断

1）喷油器的电阻值超出标准值，说明喷油器线圈故障，需进行更换。

2）在蓄电池电压正常的情况下，每个喷油器的供电线路电压太低或无电压，说明喷油器的供电线路故障，需进一步检查喷油器的供电线路。

3）用万用表交流电压档测量喷油器的控制线路电压，若存在交变信号（万用表显示数值呈现大小交替变化），则表明发动机ECU控制电喷油器控制信号正常；若不存在交变信号，则表明发动机ECU控制电喷油器控制线路存在故障。

听诊电喷油器喷油声

发动机工作时，用听诊器检查喷油器开闭时的振动或声响，如图3-47所示。如果感觉无振动或听不到声响，则说明喷油器或电路有问题。发动机热车后急速运转时，用旋具（螺丝刀）或听诊器（触杆式）接触喷油器，通过测听各缸喷油器工作的声音来判断喷油器是否工作。在发动机运转时应能听到喷油器有节奏的"嗒嗒"声，这是喷油器在电脉冲作用下喷油的工作声。若各缸喷油器工作声音清脆均匀，则说明各喷油器工作正常；若某缸喷油器的工作声音很小，则说明该缸喷油器的工作不正常，可能是针阀卡滞，应作进一步的检测；若听不见某缸喷油器的工作声音，则说明该缸喷油器不工作，应检查喷油器及其供电控制线路。

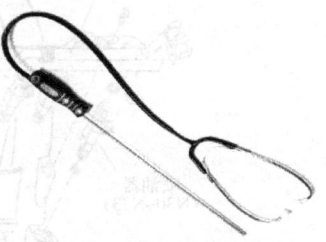

图3-47 听诊器

教学活动 4 用电喷油器清洗机检查喷雾质量

1. 检测工具、仪器设备准备

普通工具一套,电喷油器清洗机一台,电喷汽油机一台。电喷油器清洗机示意图如图 3-48 所示。

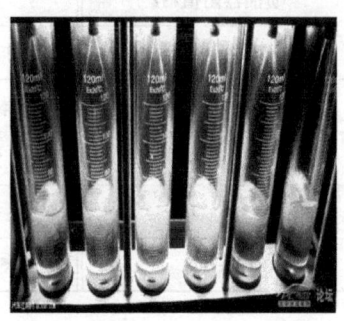

图 3-48 电喷油器清洗机示意图

2. 检测步骤

1) 关闭点火开关,检查并添加检测液。从主机侧面的加油口向燃油箱内加注,观察侧面的液位管,一般加注燃油箱容量的 1/2 即可。

2) 拆下燃油压力调节器的真空管。

3) 对燃油管内的燃油残余压力进行泄压。

4) 拆下燃油分配管,如图 3-49 所示。

5) 将喷油器从车上拆下,并仔细查看喷油器的橡胶密封圈是否损坏,如果有损坏,则应在清洗测试前及时更换同型号的密封圈,以免测试时发生泄漏。再将喷油器放入汽油或清洗剂中,仔细清除外部油污后用软布擦拭干净。

6) 将喷油器安装到喷油器试验台上,接好控制插头。

7) 打开喷油器试验台开关。

8) 进入菜单,选择急速运转。

9) 测量 30s 喷油量、喷油形状和渗漏量。喷油形状如图 3-50 所示。

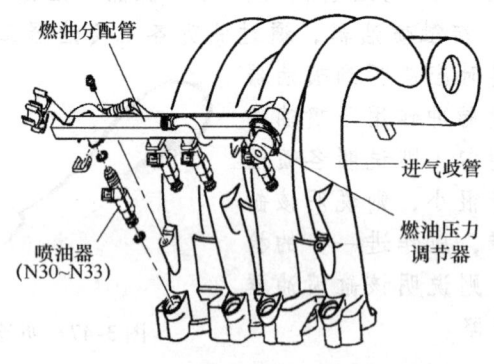

图 3-49 拆下燃油分配管及喷油器

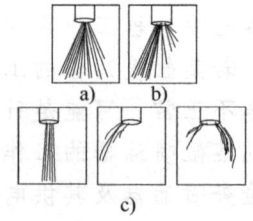

图 3-50 喷油形状
a) 好 b) 尚可使用 c) 差

10）取下喷油器。

11）按照拆卸的相反顺序装复喷油器。

3. 检测验收标准

1）30s 喷油量标准为 70~85mL，各缸喷油器的喷油量相差不超过 9mL，每个喷油器允许重复检查 2~3 次，各缸的喷油量和均匀度应符合标准，否则应进行清洗或更换。在均匀性检测时，正常情况下同一辆车上所有喷油器的喷油量的偏差应在 ±2% 之内。

2）喷雾形状为小于 35° 的圆锥雾状，喷出的燃油均匀而细密，无油流，喷停干脆。

3）关闭试验台开关，渗漏量要求为喷油器每分钟滴油不多于 1 滴。

4）喷油器清洗前、后喷雾形状如图 3-51 所示。

图 3-51　喷油器清洗前、后喷雾形状

拓展与提高

清洗喷油器

1）把超声波清洗架放在清洗槽内并倒入适量的清洗液，清洗液液面应超出超声波清洗架底面 10mm 左右。

2）把喷油器放置在超声波清洗架上，插上脉冲线。

3）按清洗按钮，进入超声波清洗功能，设定清洗时间。

4）按启动按钮，清洗开始。

5）清洗完毕，关闭电源，拆下脉冲线，取出喷油器。

提示：喷油器清洗机一般都配备检测液和清洗剂，在均匀性检测/雾化性观测、密封性检测、喷油量检测和自动清洗检测时，主机使用检测液。免拆清洗时，主机使用汽油加清洗剂。超声波清洗机使用专用的超声波清洗剂。

6）测试量杯为石英玻璃杯，易破碎，故在机器周围不要放置其他物品，以免磕碰造成测试量杯破碎。

7）拆卸管路应等实时油压显示为 0 后进行。

教学活动 5　用 MK 喷油器清洗专用免拆清洗设备清洗喷油器

1. 检测工具、仪器设备准备

三角木、整车一辆、MK 喷油器清洗专用免拆清洗设备、个人安全防护品、干毛巾或干布块一块、MK 喷油器清洗剂 K-3101。

2. 清洗步骤

1）检查专用免拆清洗设备是否漏气：将 MK 喷油器清洗专用免拆清洗设备接上气源，关闭流量控制阀，给吊瓶冲气四个大气压后检查设备是否漏气。MK 喷油器清洗专用免拆清洗设备如图 3-52 所示。

2）在确认设备（吊瓶）无漏气后，加入 MK 喷油器清洗剂（排量在 3L 以下时加 325mL 一瓶，排量在 3L 以上时应适当增加清洗药液）。喷油器清洗剂如图 3-53 所示。

3）设备压力设置：根据被清洗车辆的技术要求设定燃油压力，压力设定值为 0.1~0.5MPa。

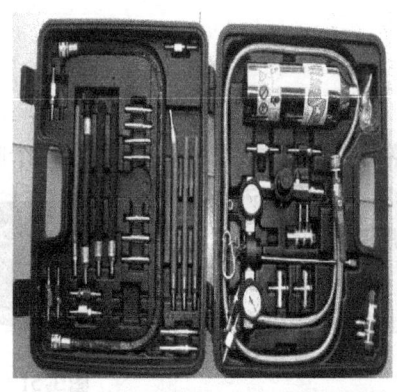

图 3-52 MK 喷油器清洗专用免拆清洗设备

4)确定被清洗车辆处于正常工作状态。

5)拔下被清洗车辆的油泵熔丝。

6)将加入清洗剂并加压后的 MK 喷油器专用清洗设备挂置在被清洗车辆的前机盖上。

7)在供油管下方放置一块干毛巾(或干布块,防止拆油管时油管中的残油喷流到发动机上),缓慢拆下供油管并与清洗设备燃油管接头相连。喷油器专用免拆清洗设备的连接方法如图 3-54 所示。

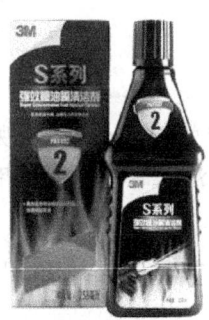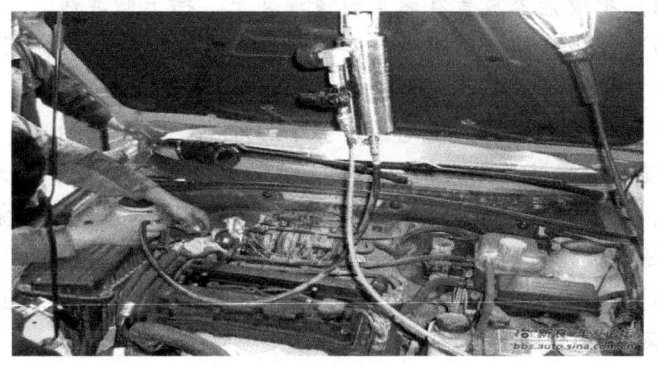

图 3-53 喷油器清洗剂　　　图 3-54 喷油器专用免拆清洗设备的连接方法

8)有回油管的汽车,拆下回油管后封死,并同时打开油箱盖。或拔下限压阀真空管,设备燃油压力控制在 0.2MPa 左右。

9)打开设备下方燃油流量开关,检查有无渗漏情况,确认无误后起动被清洗车辆的发动机(清洗时间 20~25min 为正常)。

10)清洗结束后将设备内的空气排空,插好油泵熔丝,装复车辆油管。检查是否安装好。

>>> 注意　　清洗时发动机应保持怠速运转,操作人员不能离开清洗现场。

教学活动 6　清洗节气门

1. 检测工具、设备准备

普通工具、化油器清洗剂、整车一辆、棉纱少许、手套。

2. 操作步骤

（1）拆除、清洗、装复节气门

1）打开发动机盖板。

2）用工具将空气滤清器与节气门连接的软管拆下，如图3-55所示。

3）拆下节气门，如图3-56所示。

4）将化油器清洗剂喷涂在节气门腔内。

5）全部喷涂到位后应当用棉布进行擦拭，如图3-57所示。

6）安装节气门及进气软管，如图3-58所示。

节气门安好后就可以安装软管了，软管的两侧会有两个小凹槽，一大一小，分别对准两侧一大一小的凸起标志处即可。软管要完全套进两头中，如果安装困难，则可以左右拧动的同时进行安装。

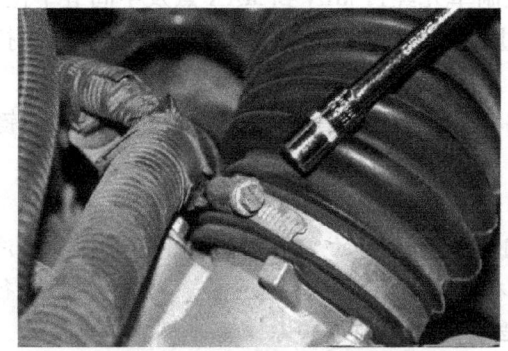

图3-55 拆卸进气软管

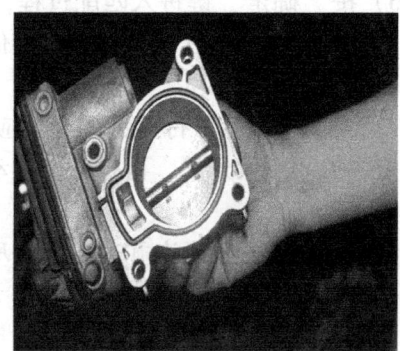

图3-56 拆下节气门

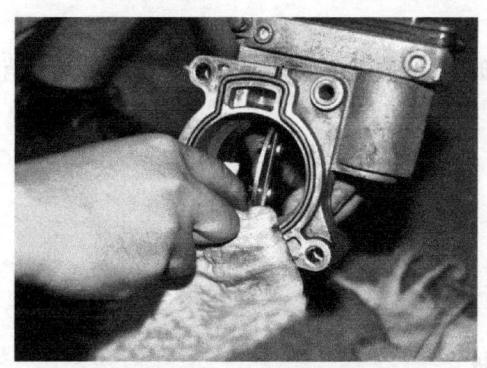

图3-57 擦拭节气门

图3-58 安装节气门及进气软管

7）盖好发动机装饰盖板，清洗工作结束。

3. 匹配试车验收标准

由于车辆都有自学习功能，清洗过后行驶一段时间（约50km）怠速学习结束，工况恢复正常。

教学活动7　匹配电子节气门

对于采用电子节气门的汽车发动机，节气门清洗后必须进行节气门匹配。

1. 检测工具、设备准备

普通工具、化油器清洗剂、整车一辆、棉纱少许、手套。

2. 操作步骤

捷达前卫（二阀）车型的节气门匹配方法及步骤

1）打开点火开关不起动发动机，连接好 X-431 解码器，选择上海大众、一汽大众或德国大众诊断程序。

2）选择"普通模式"—"快速数据流诊断模式"—"发动机系统"，选择"系统基本调整"功能并输入调整组号"00"。

3）屏幕显示"是否清除已知值"字样。

4）选择"清除已知值"。

5）选择"系统基本调整"功能并输入调整组号"060"。（注意：通道号依车型而定）

6）按"确定"键进入匹配过程，节气门控制单元经过 MIN 到 MAX 点及中间五个位置。控制单元将相应的节气门角度存入存储器，此过程大约需要 10s，随后节气门短时间在打开位置，然后关闭。

7）当屏幕最后一行显示"自适应完成"字样时，表明匹配过程完成，按"退出"键完成设定，关闭点火开关，再打开，起动发动机，验证匹配效果。

> **提示**
>
> 捷达前卫车型所用的是西门子公司生产的 2V-MPI 电喷发动机多点汽油喷射及点火系统，该款车型在进行"系统基本调整"时必须先进行"自适应清除"，以清除先前自适应值，再进行"系统基本调整"。

> **提示**
>
> 节气门匹配的前提条件
>
> 1）故障存储器中无故障码存储（如果需要，则应先查询故障码，消除故障，清除故障存储）。
>
> 2）关掉用电器。
>
> 3）冷却液温度高于 80℃。
>
> 4）变速器处于 N 位或 P 位。
>
> 5）蓄电池电压高于 11V。
>
> 6）节气门拉锁调整正常。
>
> 7）匹配过程中不能踩加速踏板。

> **提示**
>
> 下属情况必须匹配节气门：供电中断；拆装节气门控制单元；更换节气门控制单元；更换发动机；更换发动机控制单元。

拓展与提高

匹配大众车系节气门通道号

说明：节气门调整匹配只适合于配有电子节气门发动机系统的大众车系，桑塔纳 GLi 不

在匹配范围之内；捷达车两阀发动机系统节气门调整匹配通道号为060，而五阀为098。

配有电子节气门的大众车系发动机与节气门调整匹配通道号见表3-6。

表3-6 配有电子节气门的大众车系发动机与节气门调整匹配通道号

车 型	节气门匹配通道号
帕萨特B4、奥迪（100，200，V6等老款）	001
桑塔纳GSi、帕萨特B5（1.8）、捷达王（5阀）、奥迪（A6，V6）	098
捷达前卫（2阀）、A6（1.8，1.8T，2.4，2.8）、帕萨特B5（1.8T，2.8）、BORA、POLO	060

教学活动8 清理或更换空气滤清器

1. 检测工具、设备准备

普通工具、空气压缩机、吹尘枪、螺钉旋具。

2. 操作步骤

1）打开发动机舱盖，确认空气滤清器的位置，空气滤清器一般位于发动机舱左侧，即左前轮上方位置，可以看到一个四方的塑料黑盒子，滤芯就安装在里面。

2）朝上轻轻掰起两个金属卡子，即可将整个空气滤清器上盖掀起来（个别车型利用螺钉固定空气滤清器，这时需要选取合适的螺钉旋具将空气滤清器盒上的螺钉拧下）。

3）取出空气滤清器滤芯。

4）检查空气滤清器滤芯是否有较多的尘土。

5）轻轻拍打滤芯端面，或利用压缩空气吹尘枪由内向外清洁滤芯上的尘土。（注意：切勿用自来水进行冲洗。）

6）对空气滤清器盒中的尘土进行彻底清理。

7）装复空气滤清器。

> **注意**
> ① 在检查保养空气滤清器时，滤芯上的密封垫必须确实安装好。
> ② 如果密封垫已老化变形或断裂，则应更换新品。
> ③ 如果检查空气滤清器已经严重堵塞，则需要更换新的滤清器。
> ④ 更换新滤芯时，应选用原厂供应的滤芯，不要使用劣质滤芯。
> ⑤ 在使用中，应按照汽车保养规定经常清洁空气滤清器滤芯，以免因滤芯上粘附过多灰尘而增大进气阻力，降低发动机功率，增加耗油量。如果滤芯破损，则应及时进行更换。

拓展与提高

空气滤芯清理方法

常用的清洁方法有两种：①轻拍法，即将滤芯从壳中取出，轻轻拍打纸质滤芯端面使灰尘脱落，不得敲打滤芯外表面，防止损坏滤芯；②吹洗法，即用压缩空气从滤芯内部向外吹，将灰尘吹净。为防止损坏滤纸，压缩空气压力不能超过0.2~0.3MPa。

任务五　机油品质的检查

任务目标

1. 会用 ADL-B 型机油品质分析仪分析机油的品质。
2. 会用斑点滤纸法分析机油的品质。

任务描述

在机油使用过程中，由于杂质污染、燃油稀释、高温氧化和添加剂消耗等原因，其品质会逐渐变坏。在外观上，还表现为颜色变黑、黏度上升或下降。

机油品质变坏会使发动机润滑变差、磨损加剧，甚至引发严重的机械故障，因而应加强对发动机机油品质的定期检测与分析，实行按质换油，以保证发动机得到良好的润滑。更为重要的是，通过对机油品质的检测，可分析并监控发动机技术状况的变化。

机油品质分析方法有经验法、仪器分析法和滤纸斑点分析法。

知识储备

1. 机油品质的变化原因

1）机油品质差，变质、结焦、积炭。
2）外部灰尘、杂质和水蒸气渗入曲轴箱，油水被搅动后形成油泥。
3）部分燃油燃烧后变成蒸气，其中有些氧化物会变成腐蚀性极强的酸类而腐蚀机油。
4）气缸、活塞和活塞环磨损严重。
5）高温气体漏进曲轴箱，加速了机油的氧化和积炭。
6）汽油进入油底壳。
7）发动机气缸体破裂，冷却液滴入油底壳。
8）混合气太浓。
9）燃烧室内废气和未燃尽的油气渗入曲轴箱，凝结后稀释机油。

2. 机油的作用

机油具有抗磨、抗冲击、散热、清洗、密封和防锈等作用。

任务实施

教学活动　用 ADL-B 型机油品质分析仪分析机油的品质

1. 检测仪器设备准备

ADL-B 型机油品质分析仪一台，在用机油少许，与在用机油同牌号新机油少许，卫生棉少许。ADL-B 型机油品质分析仪如图 3-59 所示。

2. 检测步骤

1）打开机箱，接通 220V 电源。

2）打开电源开关，此时指示灯亮，数字显示两位数。

3）将"测量保持开关"按向"测量"方，转动"调整"旋钮，调至显示"1"。

4）用取油吸管取少许待检油品的同型号新油滴入仪器储油槽内，将"测量开关"置于"测量"方，转动"油整"旋钮，使显示值为"100"后用吸管吸出油槽内的样品油，用清洁纸擦净槽内的残余油质。

5）同样用上述（操作方法）方法，取少量待检油滴入检验槽内，此时仪器显示即在用油的测试值，并将"测量保持"开关按向"保持"一侧，记录被测数值，对照标准定出被检油品的质量品质。

3. 检测说明

目前润滑油品种繁多，这里以常用油为例，建立一定的评判标准作为参考指标，由于润滑油的各种型号不同，润滑要求有别，有时要根据具体情况对该标准值作适当的修正，通过实践建立精确的判断。

图 3-59 ADL-B 型机油品质分析仪

4. 注意事项

1）每次测量结束后，必须保持油槽内清洁，可用化油器清洗剂清洁油槽。

2）测量时，以槽内油完全淹没内孔为下限。

5. 检测验收标准

被检油品的质量品质检测验收标准见表 3-7。

表 3-7 被检油品的质量品质检测验收标准

等 级	显 示 值	油 品 状 态	措 施
优	86～100	透明无浑浊，手摸有滑腻感，无杂质	继续使用
良	71～85	比标准油的颜色略暗，有杂质	定期检测
中	56～70	油色较深，暗	每周检测
差	36～55	油色深，暗	视情换油
劣	35 以下	油浑浊，油色很暗，杂质多	立即换油

拓展与提高

发动机机油油质滤纸法检测

测量油量之前检查机油有无脏污。检查机油的油质，看有无变质、清洁情况如何，如果出现变质或不够清洁，那么就应更换机油。检查机油是否变质的简便方法是将机油尺插入曲轴箱后再次取出，将机油尺上的机油滴在专用滤纸上。

滤纸法检测发动机机油油质按 GB/T 800—2010《汽油机油换油指标》附录 A 的规定进行。斑点试验是应用已久的简单实用的分析判断在用内燃机油污染程度、质量衰变情况的一种现场快速测试方法。

实验条件：滴油温度在室内常温下进行，最低温度应控制在 20℃，要求油温与室温基本一致。现场测试应在发动机熄火以后，油温下降到与环境温度相近时滴试，冬季应取样后在室内滴试。现场测试可用发动机上的机油尺取样。

实验方法：在规定条件下将使用中的内燃机机油滴一滴到滤纸中心，于是油内各种杂质便随着油的浸润向四周扩散，杂质的粒度不同，扩散的远近也不同，因而在滤纸上形成颜色深浅不同的环形斑点，从内到外依次为沉积环、扩散环、油环，如图3-60所示。

1）沉积环。在斑点的中心是油内粗颗粒杂质沉积物集中的地方，由沉积环颜色的深浅可粗略判断油被污染的程度。

2）扩散环。在沉积环外围的环带称为扩散环，它是悬浮在油内的细颗粒杂质向外扩散留下的痕迹。颗粒越细，扩散得越远。扩散环的宽窄和颜色的均匀程度是重要因素，它表示油内添加剂对污染杂质的分散能力。

3）油环。在扩散环的外围油环，颜色由浅黄色到棕红色，表示油的氧化程度。

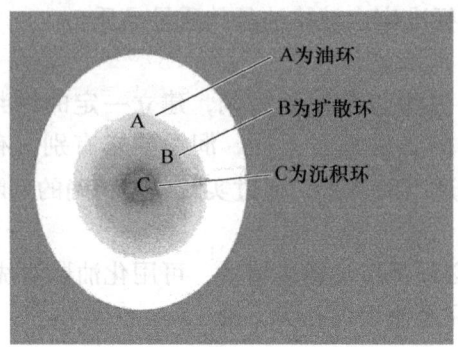

图3-60 沉积环、扩散环、油环

图3-61所示的油样，对应油品已氧化变质，必须马上进行更换。深褐色的外圈颜色说明油品已经严重氧化，看不到三圈的过渡，只有沉积环和氧化的油环，说明该油已失去分散能力，这样的油品必须马上更换，否则沉积物会在发动机内迅速增加，给发动机带来危害。

图3-62所示的油样，对应油品已严重氧化变质，必须马上进行更换。

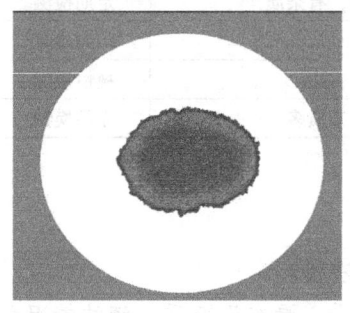 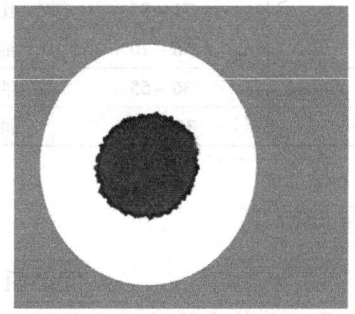

图3-61 油品已氧化变质的油样　　　　图3-62 油品已严重氧化变质的油样

任务六　气门间隙的检查与调整

任务目标

1. 掌握气门间隙的定义。
2. 掌握气门间隙的检查、调整方式和方法，会正确使用测量工具。
3. 掌握气门间隙的检查、调整技能。

任务描述

发动机处于冷态时，在气门脚及其传动机构中留有适当的间隙，以补偿气门受热后的膨胀量，这一预留间隙称为气门间隙。

不同形式的配气机构，气门间隙所指的位置也不同。

摇臂式气门间隙如图 3-63 所示。挺柱式气门间隙如图 3-64 所示。

图 3-63　摇臂式气门间隙

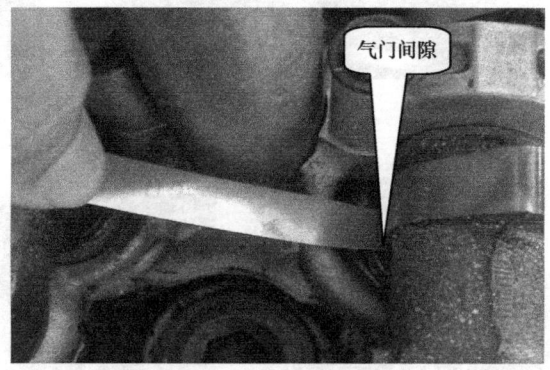

图 3-64　挺柱式气门间隙

一般情况下，排气门的气门间隙要略大于进气门的气门间隙。气门间隙的大小对发动机各方面的性能影响极大：间隙过小，发动机在热态下由于气门杆膨胀可能会造成气门漏气，导致功率下降，甚至烧坏气门；间隙过大，传动零件之间以及气门与气门座之间容易产生冲撞，同时使气门开启的持续时间减少，进气和排气不充分，也会直接影响发动机的正常工作。因此，为了保证发动机的正常工作，必须调整好气门间隙。

对于摇臂式气门间隙，应调整调整螺钉位置和螺母锁紧方式，如图 3-65、图 3-66 和图 3-67 所示。

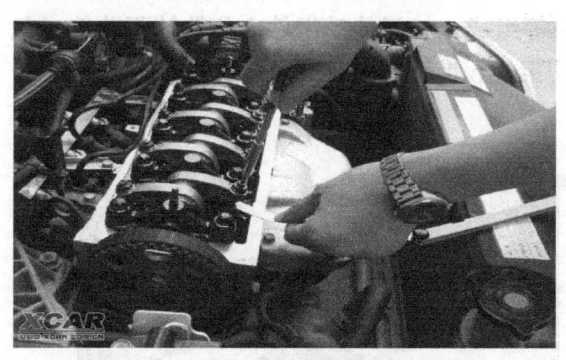

图 3-65　摇臂式气门间隙调整螺钉位置

图 3-66　摇臂式气门间隙调整螺母锁紧方式

对于挺柱式气门间隙，应调整调整垫片的厚度。挺柱式气门间隙位置、挺柱、挺柱体及垫片形状、测量挺柱垫片厚度如图 3-68、图 3-69、图 3-70 和图 3-71 所示。

对于液压挺柱式气门间隙，不予以调整。

常用气门间隙的调整方法有逐缸调整法和两次调整法两种。

图 3-67 摇臂式气门间隙的调整

图 3-68 挺柱式气门间隙的位置

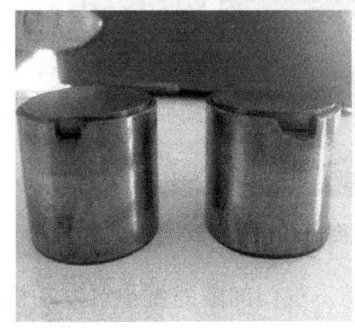
图 3-69 挺柱

图 3-70 挺柱体及垫片形状

图 3-71 测量挺柱垫片厚度

知识储备

1. 配气机构的组成

配气机构主要由气门组件和气门传动组件组成。其中气门组件由气门、气门座圈、气门导管、气门弹簧、气门弹簧座和气门锁片（锁销）等组成；气门传动组件由凸轮轴驱动件（包括正时齿轮、正时链条和正时带）、凸轮轴、气门挺杆、推杆、摇臂及摇臂轴总成等组成。

配气机构的组成及种类如图 3-72 所示。

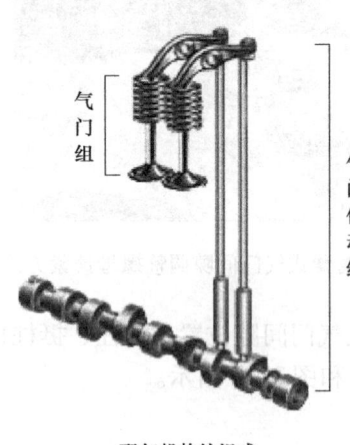
配气机构的组成

凸轮轴下置

凸轮轴中置

凸轮轴上置

图 3-72 配气机构的组成及种类

单元三 汽车发动机整机及各系统元件的检查与调整

凸轮轴上置式配气机构又分为凸轮直驱型、凸轮压摇臂型和凸轮顶摇臂型三种，目前凸轮轴上置式配气机构应用广泛，如图 3-73 所示。

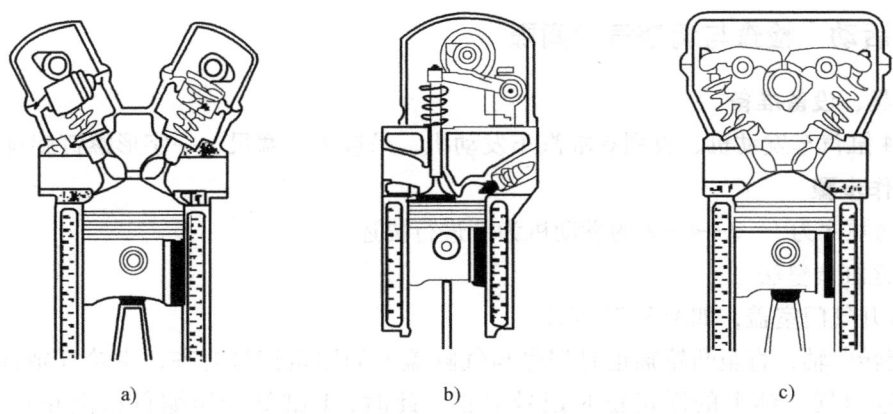

图 3-73 凸轮轴上置式配气机构
a）凸轮直驱型 b）凸轮压摇臂型 c）凸轮顶摇臂型

2. 发动机点火顺序

直列 4 缸四冲程发动机的各缸工作顺序有 1—3—4—2 和 1—2—4—3 两种。直列 6 缸四冲程发动机各缸工作顺序为 1—5—3—6—2—4 和 1—4—2—6—3—5。

3. 气门间隙调整的注意事项

1）气门间隙必须在该气门处于完全关闭的状态下才能进行调整。

2）根据《维修手册》气门间隙规定值进行调整，若没有，则可以参照排气门间隙 0.35mm、进气门间隙 0.25mm 进行调整。

3）采用液压挺柱式的配气机构不需要进行气门间隙调整。

4）严格按照拆装程序拆装并注意操作安全。

5）调整时需率先保证配气记号对齐。某种车型的配气记号如图 3-74 所示。

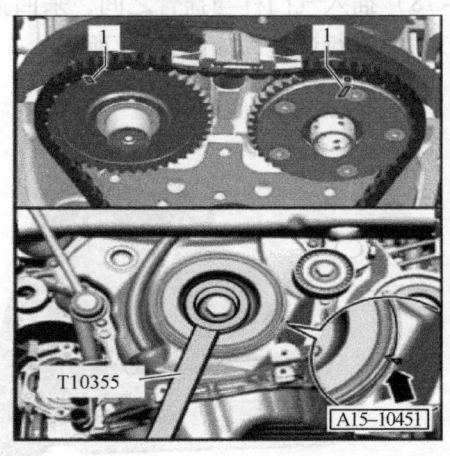 

图 3-74 某种车型的配气记号

任务实施

教学活动　检查与调整气门间隙

1. 工具、设备准备

直列 4 缸汽车发动机、直列 6 缸汽车发动机、呆扳手、塞尺、一字形螺钉旋具。

2. 操作步骤

以做功顺序为 1—3—4—2 的发动机为例进行描述。

（1）逐缸调整法

1）拆开气门室盖，如图 3-75 所示。

2）旋转曲轴，直至凸轮轴正时记号与气缸盖上的固定记号对齐，飞轮（或曲轴带轮）的正时记号与气缸体上的固定正时记号对正。此时，1 缸处于压缩行程上止点位置，如图 3-76所示。用手感觉确认 1 缸处于压缩行程上止点位置，若进、排气门均能摆动，则表明该缸活塞处于压缩行程上止点位置，如图 3-77 所示。

图 3-75　拆开气门室盖

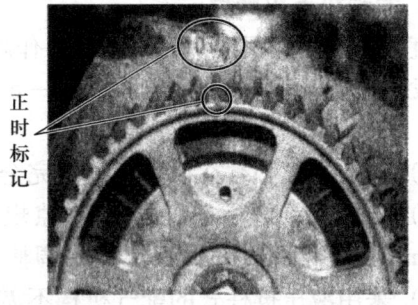

图 3-76　1 缸处于压缩行程上止点位置

3）气门间隙检查。用规定厚度的塞尺（图 3-78）插入气门杆与摇臂之间，来回抽动塞尺，如果过紧或过松，则都表明气门间隙不合适，需要进行调整，如图 3-79 所示。

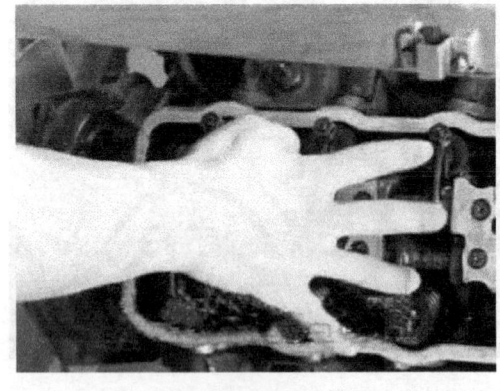

图 3-77　用手感觉确认 1 缸处于
压缩行程上止点位置

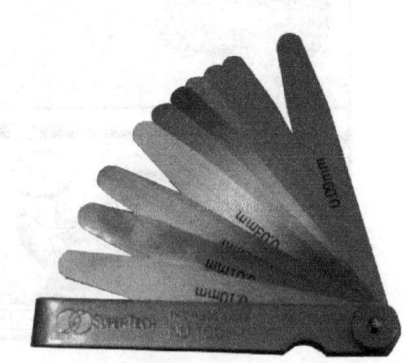

图 3-78　塞尺

4）调整气门间隙。松开锁紧螺母1，旋出调整螺钉2，在气门杆与摇臂之间插入厚度与气门间隙相等的塞尺，一边拧进调整螺钉，一边不停地来回抽动塞尺，直到抽动塞尺有阻力而又能抽出时为止，在锁紧锁紧螺母时，不能让调整螺钉转动，最后再复查一遍，如图3-80所示。

5）按做功顺序分别摇转曲轴180°，依次使下一缸处于压缩行程上止点，用同样的方法检查与调整各缸的气门间隙。如果做功顺序为1—3—4—2，则摇转曲轴180°，检查调整3缸的气门间隙。用同样的方法再检查与调整4缸和2缸的气门间隙。

图3-79　气门间隙的检查

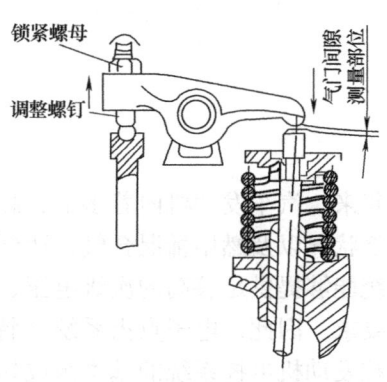

图3-80　调整气门间隙

（2）两次调整法（"双排不进"法）

1）拆开气门室盖，如图3-81所示。

2）旋转曲轴至1缸处于压缩行程上止点，如图3-82所示。

图3-81　拆开气门室盖

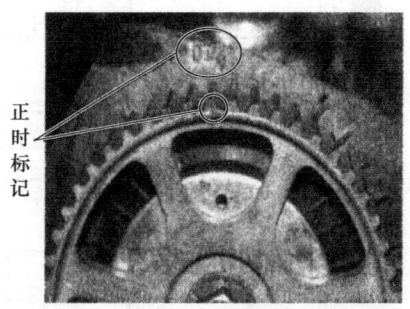

图3-82　1缸处于压缩行程上止点位置

3）检查与调整1缸的进、排气门间隙以及3缸的排气门间隙、2缸的进气门间隙，方法与逐缸调整法相同。

4）调整时，如图3-80所示，先松开锁紧螺母1，用螺钉旋具旋动调整螺钉2，将规定厚度的塞尺插入气门杆端部与摇臂之间。当抽动塞尺时，有阻力感，拧紧锁紧螺母，再复查一次，符合规定值即可。

5）旋转曲轴一圈，检查与调整3缸的进气门间隙、2缸的排气门间隙以及4缸的进、排气门间隙。

项目三

汽油机电控系统的检测

近年来，汽车发动机向着多缸、高转速、高压缩比的方向发展，人们力图通过改善混合气的燃烧状况以及燃用稀混合气，达到减少排气污染和节约燃油的目的。这些都要求汽车的点火系统能够提供足够高的次级电压、火花能量和最佳点火时刻。传统点火系统已经不能满足这些要求。因此，电子点火系统（特别是电控电子点火系统）得到广泛的应用。

电控发动机电控系统的基本组成如图3-83所示。

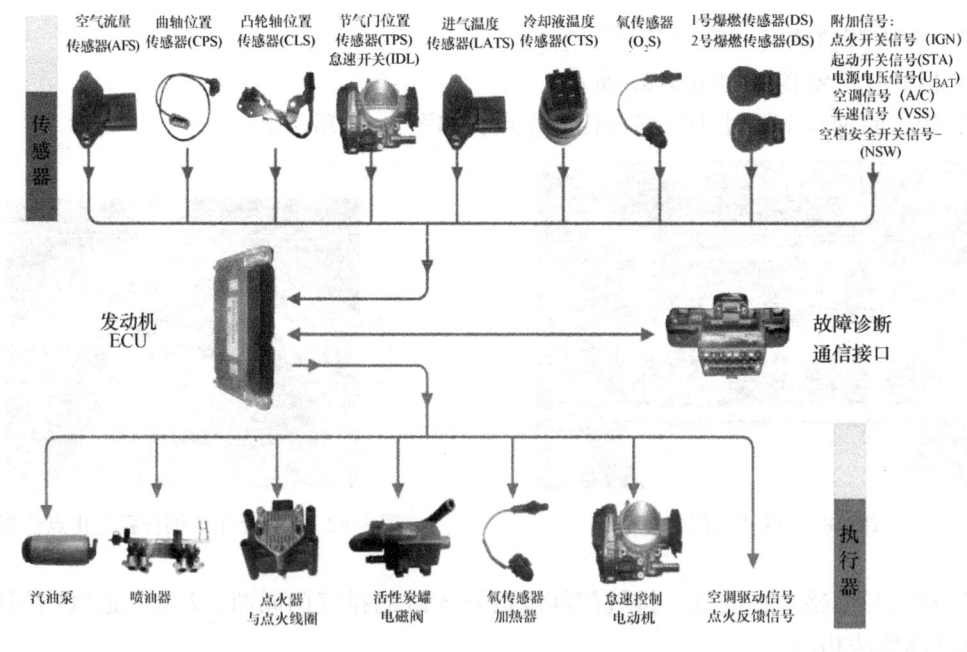

图3-83 电控发动机电控系统的基本组成

单元三　汽车发动机整机及各系统元件的检查与调整

项目描述

电控汽车发动机电控系统的一般检测与诊断是在故障诊断与维修前进行的，主要是为了发现丢失、脱落或松动的电线或软管，检查有无接错的线路等现象。它会帮助维修人员提前发现这些故障，以免进行不必要的检测和诊断。

一般检测与诊断后，可借助检测仪器设备进行传感器、执行器及导线通断情况的检测与诊断。

任务　电控系统的检查

任务目标

1. 了解汽车发动机电控系统各种传感器在实车上的布置情况。
2. 会用万用表测量电控系统中各种传感器的工作性能是否良好。
3. 会使用 X431 电眼睛进行汽车发动机电控系统的故障诊断。

任务描述

电控系统的检查主要包括一般诊断检查的项目、认知汽车发动机电控系统各种传感器在实车上的布置情况、用万用表测量电控系统中各种传感器的工作性能是否良好、用 X431 电眼睛进行汽车发动机电控系统的故障诊断技能。

知识储备

1. 电控系统一般诊断检查的项目

1）检查电控系统搭铁线的连接情况，同时也检查发动机搭铁线的连接情况。

2）检查蓄电池线的连接，确保清洁和紧固。此项主要检查起动机接线柱上蓄电池电缆线的连接情况。

3）检查电动燃油泵继电器、空调压缩机离合器继电器、起动机继电器等的连接情况。

4）检查并核实多针插头是否全部插入 ECU 的插座内，检查插头安装螺钉是否拧紧。

5）检查分电器盖是否牢固地连接在分电器上，确保火花塞上的高压导线与分电器盖的牢固连接，确保点火线圈上高压导线与分电器盖的牢固连接，确保同步信号发生器电线插头与线束插座的牢固连接；检查点火线圈接线柱的连接情况，核实点火线圈次级绕组是否牢固地连接到点火线圈上。

6）核实交流发电机输出导线、磁场接线及搭铁线是否牢固地连接在交流发电机上。

7）检查燃油压力调节器与进气歧管的连接软管是否牢固连接；检查燃油导管与燃油管接头的连接；检查喷油器线束接头是否按缸号牢固地插接在喷油器上，注意在每个喷油器的线束接头上标有它相应的喷油器序号；检查燃油管有无挤扁或泄漏；检查回油管的连接是否可靠，有无泄漏现象。

8）检查软管与所有在进气歧管上的真空接头的连接是否紧固且无泄漏。

9）检查节气门拉索、变速器控制拉索等的连接及松紧情况。

10）检查空气滤清器进口和空气滤清器滤芯是否堵塞。

11）检查各传感器、执行器电线接头与线束的插座孔是否牢固连接。

2. 电控系统需要检查的几种主要传感器

1）节气门位置传感器。节气门位置传感器及其安装位置如图3-84和图3-85所示。节气门位置传感器用以检测节气门开度，将开度信号转换为电压信号传递给ECU。

图3-84 节气门位置传感器

图3-85 节气门位置传感器的安装位置

2）进气温度传感器（图3-86）。其功能是检测进气温度，并将温度信号转换为电信号输入发动机ECU。进气温度信号是多种控制功能的修正信号，包括燃油脉宽信号、点火正时信号、怠速控制信号和尾气排放信号等，若进气温度传感器信号中断，则将导致发动机热起动困难，燃油脉宽增加，尾气排放恶化。

3）冷却液温度传感器（图3-87）。其功能是检测冷却液温度，并将温度信号转换为电信号送给ECU作为喷油量和点火正时的修正信号。

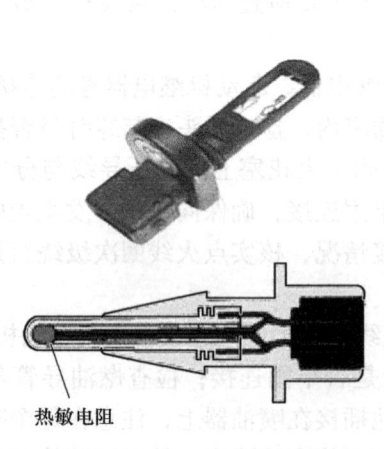

图3-86 进气温度传感器

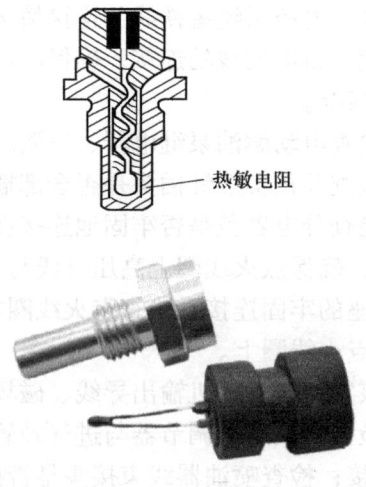

图3-87 冷却液温度传感器

4）曲轴/凸轮轴位置和转速传感器。其功用是检测发动机上止点、曲轴转角、发动机转速，并将这些信息转换为电信号送给 ECU，以确认曲轴位置，从而控制喷油正时和点火正时。这种传感器的类型有磁电式、光电式和霍尔式，经常安装在发动机的曲轴端、凸轮轴端、飞轮上或分电器内。

磁电式曲轴/凸轮轴位置和转速传感器如图 3-88 所示，以丰田 TCCS 为例，其位于分电器内，利用转子旋转使磁通量发生变化，从而在感应线圈内产生交变的感应电动势信号，并将此信号放大后送入 ECU。

5）氧传感器。在使用三元催化转化器降低排放污染的发动机上，氧传感器是必不可少的。氧传感器测定排气中的氧浓度并将该信号传达给发动机 ECU，发动机 ECU 据此信号反馈修正喷油量，控制空燃比收敛于理论值，使三元催化转化器效果最佳。氧传感器的工作使发动机处于闭环控制状态，类型有氧化锆式（应用最多）和氧化钛式。氧化锆式氧传感器如图 3-89 所示。

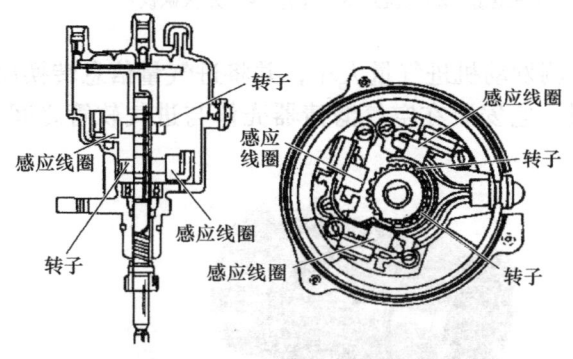

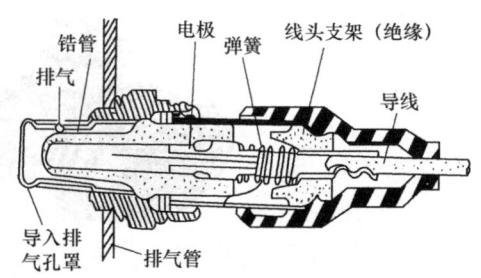

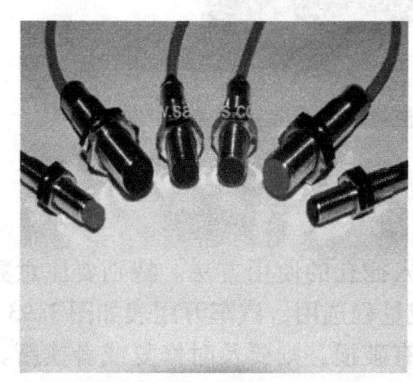

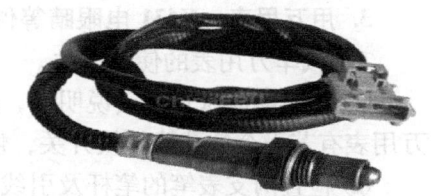

图 3-88　磁电式曲轴/凸轮轴位置和转速传感器
1—感应线圈　2、3—转子　4、5—感应线圈

图 3-89　氧化锆式氧传感器

6）爆燃传感器。爆燃传感器用于检测发动机有无爆燃现象，并将信号送入发动机 ECU，从而判定有无爆燃及爆燃强弱，推迟点火提前角。这种传感器的类型有磁致伸缩式和压电式。

压电式爆燃传感器的压电效应是指当气缸体振动时，配重受振动影响产生加速度，压电元件受到加速度惯性力的作用而产生电压信号，如图 3-90 所示。

气缸体出现振动时，磁致伸缩式传感器在7kHz左右处产生共振，铁心的磁导率发生变化，致使永久磁铁穿过铁心的磁通密度也发生变化，从而在绕组中产生感应电动势，如图3-91所示。

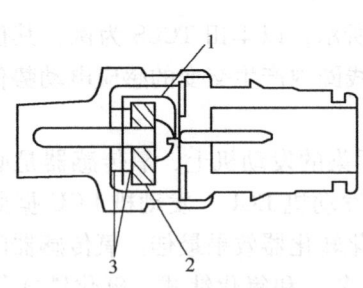
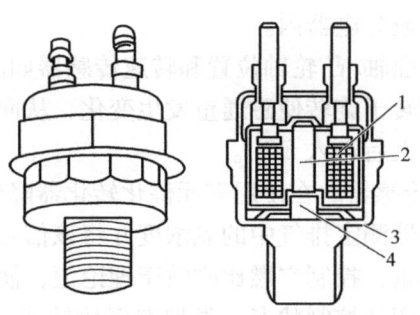

图3-90　爆燃传感器
1—引线　2—配重块　3—压电元件

图3-91　磁致伸缩式爆燃传感器
1—绕组　2—铁心　3—外壳　4—永久磁铁

7）空气流量计。空气流量计的功用是检测发动机进气量大小，并将进气量信息转换成电信号输入发动机ECU以供计算确定喷油量。它安装在空气滤清器壳体与进气软管之间。热线式空气流量计如图3-92所示。

图3-92　热线式空气流量计

3. 用万用表、X431电眼睛等仪表进行故障诊断

1）汽车万用表的使用方法。

① 使用前应认真阅读说明书，熟悉各档位和输入插孔的使用方法。特别要注意数字式万用表有若干个插孔或转换开关，供不同测量项目或量程选用，汽车万用表如图3-93所示。

② 检查两支表笔的笔杆及引线有无破损。如果有破损，则要及时修复或者换新。检查无误后，将黑表笔引线一端的插头插入"COM"插孔，红表笔的插头根据测量项目和量程插入相应的插孔内。

③ 检查表内电池是否正确装好，电池电压是否足够。当显示屏出现"—"符号时，表示电池电压低于工作电压，必须进行更换。

④ 测量完毕，应关闭电源，同时将测量项目及量程选择开关拨到最高交流电压档，以防其他人不慎测量交流高压而损坏万用表。

⑤ 长期不用的万用表必须将电池取出，以免电池漏液腐蚀表内电子元器件。

⑥ 测量前，要根据被测物理量的项目和大小将测量项目及量程选择开关设置在正确的位置。如果已知被测物理量的数量级，那么就选择与其相对应的数量级量程。如果事先不清

单元三　汽车发动机整机及各系统元件的检查与调整

楚被测物理量的数量级，则应先拨至最高量程档开始试测，再根据显示数值的情况逐渐把量程减小到合适位置。

>>> **注意**　万用表应经常保持清洁和干燥，以免影响准确度和损坏仪表；不要在阳光直射、高温高湿的地方使用和储存万用表；应在干燥、清洁、环境温度适宜的条件下使用和保存万用表。

2）X431电眼睛。使用X431电眼睛（图3-94）前应选择测试接头：X-431标配一个OBDⅡ16PIN接头。当测试装备不是OBDⅡ16PIN诊断座的车型时，选择相应的诊断接头（选配）。部分车型诊断接头见表3-8。

图3-93　汽车万用表　　　　　图3-94　X431电眼睛

表3-8　部分车型诊断接头

车型代号	诊断插头	车型代号	诊断插头
[AUDI-4]		中华轿车-16	
[BMW-20]		[FORD-20]	
[TOYOTA-16]		[吉利-22]	

X431电眼睛的功能如下：

① 按程序引导读取故障码。通过解码器从汽车 ECU 的随机存储器中调取出故障码。

② 清除故障码。汽车故障排除后，应用解码器将故障信息从汽车 ECU 的随机存储器中清除。

③ 读取动态数据流。通过解码器与汽车 ECU 之间建立通信，从汽车 ECU 中调取数据流，用来分析汽车故障。

④ 进行元件控制测试。用仪器强制汽车 ECU 给车内执行元件发出控制命令，让其开启或关闭，从而很直观地判断该元件是否正常。按上下方向键将光标移至所选元件，按"ENTER"键选中，然后按任意键切换元件的开关状态，按"ENTER"键开始测试。与此同时，诊断维修者通过听、看、摸等手段去判断元件故障与否。

⑤ 进行基本设定。对于电喷车的某些系统，在维修后或保养时必须进行基本设定。在基本设定过程中，控制单元中的某些参数（如怠速时的点火正时等）应调整到生产厂家设定的指定值，或者将某些元件（如节气门位置传感器的位置）参数存入 ECU，以便实施精确控制。

任务实施

教学活动1 用数字万用表检测电控系统中的各种传感器

1. 检测工具、设备准备

万用表、探针和汽车一辆。

2. 检测步骤

（1）冷却液温度传感器的检测

1）检测方法。以丰田汽车为例，冷却液温度传感器装在发动机上，对应着不同的冷却液温度，用万用表电压档检查 THW 与 E2 端的电压值，如图 3-95 所示。

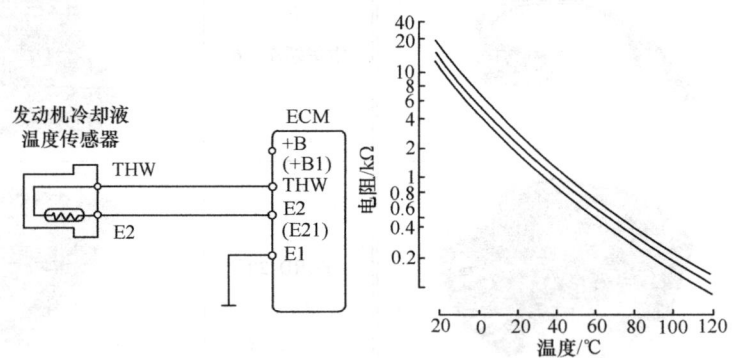

图 3-95 丰田汽车冷却液温度传感器的接线及特性曲线

2）检测原理。冷却液温度传感器内部是一个负温度系数的热敏电阻，在低温条件下，传感器电阻值大，信号电压高；随着温度升高，传感器阻值减小，信号电压降低。

3）检测、验收标准：

① 丰田汽车 THW 与 E2 端在 80℃ 时的标准电压为 0.2~1.0V。如果发动机 THW 与 E2

端子无电压（点火开关置于 ON 位置），则应检查有关部件。

② 再以桑塔纳轿车为例，冷却液温度传感器 G62 安装在气缸盖后端出水管上，如图 3-96 所示。

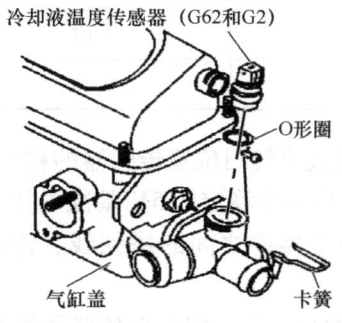

图 3-96　冷却液温度传感器

就车检测时，冷却液温度传感器的电阻值应与发动机不同温度下对应的电阻值相同。桑塔纳 2000 轿车冷却液温度传感器的电阻值与温度的关系见表 3-9。

表 3-9　桑塔纳 2000 轿车冷却液温度传感器的电阻值与温度的关系

温度/℃	电阻值/Ω	温度/℃	电阻值/Ω
-20	14 000 ~ 20 000	50	720 ~ 1000
0	5 000 ~ 6 500	60	530 ~ 650
10	3 300 ~ 4 200	70	380 ~ 480
20	2 200 ~ 2 700	80	280 ~ 350
30	1 400 ~ 1 900	90	210 ~ 280
40	1 000 ~ 1 400	100	170 ~ 200

（2）进气温度传感器的检测

1）检测方法。进气温度传感器装在发动机上，在传感器两个接线端之间用万用表电压档测量电压降，传感器都应有确定的电压降。

2）检测、验收标准：

① 丰田汽车进气温度传感器的接线及温度与电阻的对应关系如图 3-97 所示。

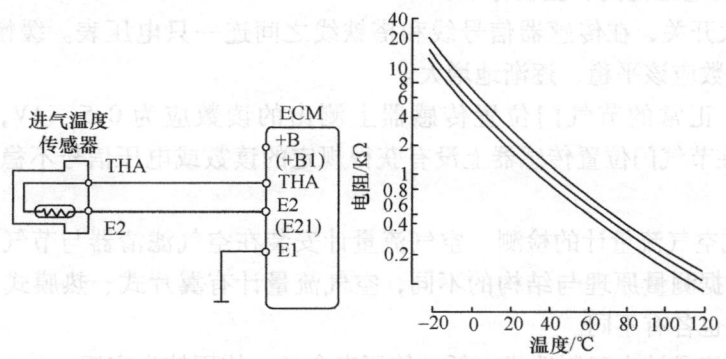

图 3-97　丰田汽车进气温度传感器的接线及温度与电阻的对应关系

② 美国克莱斯勒汽车进气温度传感器温度与压降的对应关系见表 3-10。

表 3-10 进气温度传感器温度与压降的对应关系

温度/℃	电压差/V	温度/℃	电压差/V
15.6	3.67	60	1.52
26.7	3.08	71.1	1.15

(3) 三线式节气门位置传感器的检测 当点火开关接通时，控制单元通过其中一根导线向传感器送出一个稳定的 5V 基准电压信号，另一根导线是传感器到控制单元的信号线，第三根是这两个器件之间的搭铁线。传感器的搭铁线一般为黑线，或者带有彩色条纹的黑线。

1）检测原理。节气门位置传感器与控制单元之间以三根导线连接，节气门位置传感器输出的模拟电压信号随节气门的开度增大而增大，如图 3-98 所示。

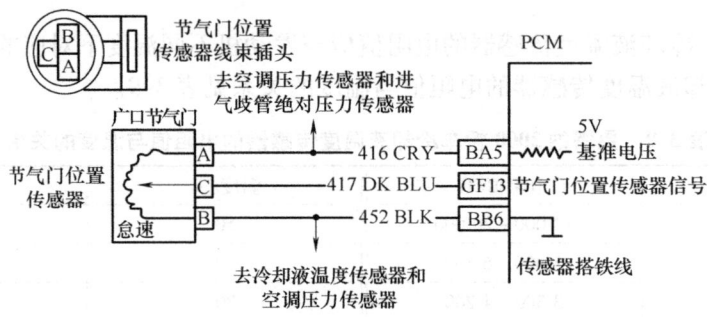

图 3-98 节气门位置传感器及其接线（通用汽车公司）

2）基准导线电压检测、验收标准。在传感器两个接线完好的情况下，BA5 端子与 BB6 端子之间的电压读数应接近 5V。

如果基准导线未达到规定电压，则应在控制单元的接线端上检查该段导线的电压。如果控制单元上量得的电压在规定值范围内而传感器处的电压值偏低，则应检修 5V 基准电压导线。如果控制单元上量得的基准电压偏低，则应检查控制单元的供压导线和搭铁线。如果电线正常，则应检修控制单元。

3）传感导线电压检测、验收标准：

① 接通点火开关，在传感器信号线和搭铁线之间连一只电压表。缓慢地开大节气门，观察电压表，读数应该平稳、逐渐地增大。

② 急速时，正常的节气门位置传感器上测出的读数应为 0.5~1V，全开节气门应为 4~5V。如果在节气门位置传感器上没有获得规定的读数或电压信号不稳定，则应更换传感器。

(4) 热膜式空气流量计的检测 空气流量计安装在空气滤清器与节气门体之间，直接检测进气量。根据测量原理与结构的不同，空气流量计有翼片式、热膜式和卡门旋涡式三种，检测的方法也各有不同。

热膜式空气流量计由于制造成本低、使用寿命长，使用较为广泛。

1)检测原理。桑塔纳时代超人轿车热膜式空气流量计电路如图 3-99 所示。ECU J220 上的端子 11 为电源线（+5V），端子 12 为信号负极线，端子 13 为信号正极线。

2)检测步骤及检测、验收标准：

以桑塔纳时代超人轿车为例，热膜式空气流量计故障检测步骤如下：

① 检查附加熔断器（30A）是否良好，然后用发光二极管试灯连接空气流量计端子 2 和搭铁点，起动发动机，检查试灯是否点亮。

② 若试灯亮，则检查空气流量计端子 4 在点火开关打开时有无 5V 电压。若没有 5V 电压，则检查空气流量计至 ECU 之间的线路是否正常，当线路正常时，说明发动机 ECU 有故障。若有 5V 电压，则说明空气流量计有故障，应予以更换。

③ 若试灯不亮，则应检查熔断器至空气流量计端子 2 之间的线路是否良好。若正常，则应检查燃油泵继电器。

(5) 进气歧管绝对压力传感器的检测 进气歧管绝对压力传感器种类很多，其中电容式和半导体压敏电阻式进气压力传感器在当今发动机电控系统中应用较为广泛。

压敏电阻式进气压力传感器的信号是电压型的，电容式进气压力传感器的信号是频率型的。

1)检测原理。进气压力传感器都是三线制的，一根电源线，一根信号线，一根搭铁线。拔开进气压力传感器的插头，接通点火开关，电源线的断路电压约为 +5V。用万用表检测时，因信号类型的不同应选用不同的档位，电压信号选用直流电压档，频率信号选用频率档。

2)检测方法。丰田轿车进气压力传感器电路图如图 3-100 所示，它输出的是电压信号，用万用表检测的方法如下：

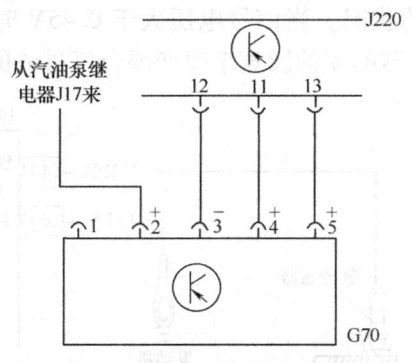

图 3-99 桑塔纳时代超人轿车
热膜式空气流量计电路

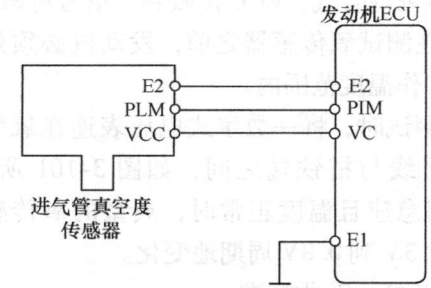

图 3-100 丰田轿车进气压力
传感器电路图

3)检测、验收标准：

① 接通点火开关，端子 VC 和 E2 之间的电压应当是 4.5~5.5V。

② ECU 端子 PIM 与 E2 之间的信号电压应当是 3.3~3.9V。

③ 发动机怠速时信号电压约为 1.5V，随着节气门开度的增加，信号电压应上升。

④ 拆下进气歧管处的真空软管，并接在真空枪上，接通点火开关，用真空枪对传感器施以 13.3~66.7kPa 的负压，端子 PIM 与 E2 间的信号电压应符合表 3-11 的标准值。

表 3-11　不同真空度下的标准进气压力传感器信号

真空度/kPa	13.3	26.7	40.0	53.5	66.7
信号电压/V	0.3~0.5	0.7~0.9	1.1~1.3	1.5~1.7	1.9~2.2

(6) 氧传感器的检测

1) 氧传感器的种类。

氧传感器接线方式有单线、双线、三线和四线四种。氧传感器中的氧敏元件由二氧化锆制成，也有用二氧化钛制成的。

单线式氧传感器有一根引线，把氧敏元件连接到控制单元上，这根引线就作为信号线。

双线式氧传感器有两根引线，第二根引线就是搭铁线，也与控制单元相连。

三线式氧传感器有三根引线，第三根引线与传感器中的电热元件相连，点火开关接通时，加热元件上的电压就由点火开关提供。

鉴于氧传感器只有在温度达到315℃时才能产生令人满意的信号，采用内部加热器能使传感器快速预热，而且能在长时间怠速运行时保持较高的传感器温度。氧传感器的内部加热器使氧传感器维持较高的温度，有助于烧掉传感器上的沉积物。当氧传感器有内部加热器时，就可安装在远离发动机的排气流中，而这也使设计者在传感器的位置方面有更大的灵活性。

四线式氧传感器有四根引线：一根信号线，一根加热器线，两根搭铁线。在这类四引线的传感器中，加热元件和敏感元件都有各自的搭铁线。

2) 氧传感器检测原理。氧化锆式氧传感器的检测原理如下：

① 当信号电压小于0.45V时，氧传感器反馈给ECU的是混合气稀信号，ECU接收到此信号将增加喷油器的喷油脉宽来补偿混合气过稀的状况。当信号电压大于0.45V时，反馈信号表示浓混合气，ECU接收到此信号将减少喷油器的喷油脉宽来改变混合气过浓的状况。

② 在测试氧传感器之前，发动机必须处在正常的工作温度范围内。

③ 测试时，将一数字式电压表连在氧传感器的信号线与搭铁端之间，如图3-101所示。当发动机怠速且温度正常时，典型的氧传感器电压从0.3V到0.8V周期地变化。

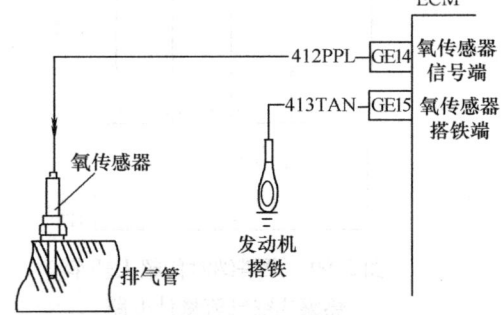

图 3-101　氧传感器与控制单元之间的连线

3) 诊断、验收标准：

1) 将一数字式电压表连在氧传感器的信号线与搭铁端之间，若电压读数过高，则可能是混合气过浓，或是传感器被污染。氧传感器可能被室温硅密封胶或防冻剂污染，也可能被含铅汽油中的铅污染。

2) 若电压读数过低，则可能是混合气过稀，或是传感器故障，或是传感器与控制单元之间导线电阻过大等原因。

3) 如果电压信号保持为一个中间值，则可能是控制单元回路不通或传感器损坏。

4) 氧化锆式氧传感器的信号电压范围是0.1~0.9V。氧传感器信号应在0.45V左右变动，变动率一般每10s四次以上。

拓展与提高

桑塔纳 2000GSi 型轿车 AJR 型发动机电控系统的综合检查主要是线路的检查。为了检查时方便查找线路，图 3-102 给出了 M3.8.2 ECU 的接线插座。发动机 ECU 为 80 个端子，接线与一个 52 个端子的插头和一个 28 个端子的插头相连接。

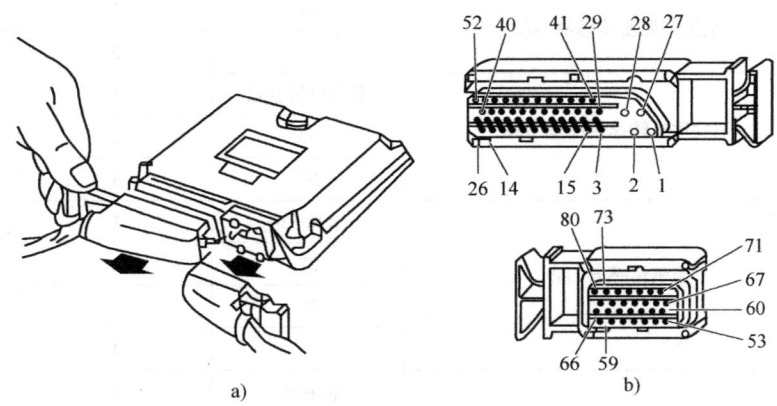

图 3-102　M3.8.2 ECU 的插头与插座
a）拔下插头　b）插头端子

1) 线路的检测。关闭点火开关，从 ECU 上拔下插头，再拔下要检测的组件插头，检测其接线的电阻。检测时，为了避免损坏电子组件，要注意量程必须符合检测条件。线路的检测项目见表 3-12。

表 3-12　线路的检测项目

检测步骤	检测项目	检测部位		验收标准/Ω
		ECU 插座端子号	组件插座端子号	
1	至空气质量计 G70	11	4	<0.5
		12	3	<0.5
		13	5	<0.5
2	节气门控制部件 J338	66	1	<1
	至节气门定位器 V60	59	2	<1
	至怠速开关 F60	69	3	<0.5
	至节气门电位计 G69	62	4	<0.5
		75	5	<0.5
	至怠速开关 F60	67	7	<0.5
	至节气门定位电位计 G88	74	8	<0.5
	怠速开关闭合	67 与 69		<1
	怠速开关打开	67 与 69		∞

(续)

检测步骤	检测项目	检测部位		验收标准/Ω
		ECU 插座端子号	组件插座端子号	
3	至冷却液温度传感器 G62	67	1	<1
		53	3	<0.5
4	至进气温度传感器 G72	54	1	<0.5
		67	2	<1
5	至发动机转速传感器 G28	发动机搭铁点	1	<0.5
		63	2	<0.5
		56	3	<0.5
6	至氧传感器 G39	熔丝 530	1	通
		27	2	<20
		25	3	<1.5
		26	4	<1.5
7	至点火线圈 N152	搭铁点	4	通
		78	3	<0.5
		71	1	<0.5
8	至霍尔传感器 G40	62	1	<0.5
		76	2	<0.5
		67	3	<1
9	至活性炭罐电磁阀 N80	15	2	<0.5
		熔丝 530	1	通
10	至空调压缩机	8	压缩机电磁开关插头触点	<0.5
		10	空调（A/C）开关	<0.5
11	至车速传感器	20	3	<0.5
12	至爆燃传感器 G61	68	1	<0.5
		67	2	<1
		2	3	<0.5
13	至爆燃传感器 G66	60	1	<0.5
		67	2	<1
		2	3	<0.5
14	至 1 缸喷油器 N30	73	2	<1.0
15	至 2 缸喷油器 N31	80	2	<1.0
16	至 3 缸喷油器 N32	58	2	<1.0
17	至 4 缸喷油器 N33	65	2	<1.0

2）组件的检测。在进行各组件检测时，应首先检查蓄电池电压是否正常，汽油泵继电器、熔丝是否正常。其组件检测步骤见表 3-13。

表 3-13　组件检测步骤（接 ECU）

检测步骤	检测项目	检测条件（附加操作）	检测部位	验收标准
1	1～4 缸喷油器电阻	关闭点火开关，拔下 1～4 缸喷油器插座	插座两端子	13～18Ω
2	1～4 缸喷油器供电电压	喷油器插座端子 1 和喷油器熔丝间线路正常	插头端子 1 和发动机搭铁点	蓄电池电压
3	汽油泵继电器	关闭点火开关，从中央拔下汽油泵继电器，测量 2 号位继电器上端子 4 和搭铁点		接近 12V
4	氧传感器加热装置	关闭点火开关，拔下氧传感器 4 个端子的插头	插座端子 1 和 2	1～5Ω（电阻随温度升高）
5	氧传感器输出电压	发动机正常工作，改变工况	插座端子 3 和 4	0.1～0.3V 与 0.7～1.1V 间变化
6	氧传感器供电电压	加热正常，打开点火开关	插头端子 3 和 4	蓄电池电压
7	活性罐电磁阀（ACF 阀）	关闭点火开关，拔下插头	插座两端子	22～30Ω
8	节气门电位计 G69	关闭点火开关，拔下插座，再打开点火开关	插头端子 5 和 7	约 5V
9	节气门定位电位计 G88	关闭点火开关，拔下插座，再打开点火开关	插头端子 4 和 7	约 5V
10	空气质量计 G70 供电电压	汽油泵继电器和熔丝正常	插头端子 4 和搭铁点	约 5V
11	发动机转速传感器	关闭点火开关，拔下发动机转速传感器插头	插座端子 2 和 3	480～1 000Ω
12	爆燃传感器输出电压	发动机运转	插座端子 1 和 2	0.3～1.4V
13	霍尔传感器 G40 输出电压	拔下插座，打开点火开关	插座端子 1 和 3	接近 5V
14	霍尔传感器 G40 输入电压	拔下插座，打开点火开关	插头端子 2 和 3	接近蓄电池电压

教学活动 2　了解 X431 电眼睛的使用方法

1. 检测工具、设备准备

汽车一辆、X431 电眼睛。

2. 操作步骤

1）选择测试接头：X431 标配一个 OBDⅡ 16PIN 接头。当测试装备不是 OBDⅡ 16PIN 诊断座的车型时，选择相应的诊断接头（选配），OBDⅡ 16PIN 接头及 X431 电眼睛全套插头如图 3-103 所示。

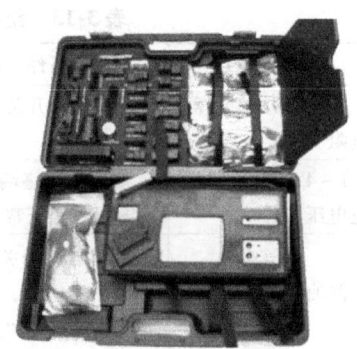

图3-103 OBDⅡ 16PIN 接头及 X431 电眼睛全套插头

2）在汽车上找到诊断插座。

3）连接。

① 连接完成后，打开点火开关。

② 开机，按主机左下角电源键，开始进入触摸屏校正界面，完成上述工作后，屏幕显示车系选择菜单。

在车系选择菜单中，单击待检车系图标，屏幕显示待检车系诊断演示程序版本，选择菜单，选择你需要的版本。

按钮说明：

［返回］：返回上一界面。

［上一页］：显示同级菜单的上一页，如果所显示的内容只有一页或当前页为第一页，则该按钮为灰色且不可用。

［下一页］：显示同级菜单的下一页，如果所显示的内容只有一页或当前页为最后一页，则该按钮为灰色且不可用。

③ 选择并确定，屏幕显示测试系统菜单。在测试系统菜单中，单击［发动机系统］，如果测试系统菜单内容有多页，则可通过［下一页］查看。

说明：不同系统的测试方法相似，这里仅以［发动机系统］为例予以说明。

单击后，"正在初始化通信"，通信成功后，画面自动跳转到诊断系统的功能菜单：

    读取故障码

    清除故障码

    读取数据流

    动作测试

4）读取故障码。在功能菜单中，单击［读取故障码］选项，X431开始执行该功能。测试完毕后，屏幕显示测试结果。

5）点击［确认］：返回诊断系统的功能菜单。

6）清除故障码。在功能菜单中，单击［清除故障码］选项，清除掉原有故障码。单击后，"清除故障码成功"，如果所有故障码已被清除，或所测系统无故障码，则界面显示"无故障码"信息。

7）单击［确认］：返回诊断系统的功能菜单。

8）读取数据流。在功能菜单中，单击［读取数据流］选项，读取计算机的运行数据参数。单击选定的数据流项将以蓝白方式显示。

按钮说明：

［下一页］：显示下一页数据流项目。

［确认］：显示所选数据流动态数据。

［返回］：返回前一界面。

单击［确认］按钮，屏幕显示所选定数据流项的动态数据。

单元四

汽车底盘附件及各系统元件的检查、调整与更换

项目一

汽车电器及附件的检查与更换

项目描述

汽车电器及车身附件的检查与更换包括汽车灯泡的检查与更换、刮水器刮片的检查与维护和车内仪表、开关及按键功能的检查等技能。

任务一　汽车灯泡的检查与更换

任务目标

1. 掌握检查、更换汽车灯泡方法要领。
2. 会检查、更换汽车灯泡。

任务描述

汽车使用过程中，汽车灯泡损坏后不仅要检查、更换汽车灯泡，更重要的是查找汽车灯泡损坏的原因。更换汽车灯泡之前检查熔断器、灯泡、搭铁以及线路的通断情况是查找汽车灯泡损坏原因的必要步骤。

知识储备

更换汽车灯泡前的检查：

1. 检查熔断器

汽车上大都设有熔断器。检查时，不仅要查看熔丝是否熔断，还要查出熔断的具体原因。如果某灯熔丝频繁熔断或一开灯熔丝便熔断，则多为该灯线路有短路之处。检查时，拆下该灯上的连接，用导线一端接熔断器，另一端接该灯电源线试验。如果灯光亮度正常，熔丝完好，则表明熔断器至该灯间的连接导线有短路之处。

2. 检查灯泡

灯泡灯丝是否烧断，通常目视检查即可确认。如果灯泡发黑或灯丝烧断，则均应换装新灯泡。如果灯泡灯丝频繁烧断，则多为发电机调节器损坏、输出电压过高所致。对此，可用电压表进行检查。如果发电机输出电压过高，即表明调节器损坏。

3. 检查搭铁

如果熔丝和灯泡均正常，灯泡电源线又有正常电压，则应检查搭铁线是否断路或接触不良。将导线一端接灯泡的搭铁端，另一端接车架或蓄电池负极试验。如果灯光亮度正常，即可判定为搭铁不良。同时，还应检查灯座是否氧化锈蚀、接触不良。

4. 检查线路

汽车灯光系统通常都设有控制装置，如汽车灯光系统中的灯光继电器和变光开关。因此，检查时，如果前照灯远、近光均不亮，则还应检查变光开关插座是否松脱，灯光继电器是否能导通灯光电路。如果目视检查不能确认，则可用导线短接的方法来判定故障部位，即用导线将灯光继电器的白色接线柱与蓝色接线柱短接试验。如果有响声，则说明灯光继电器正常，故障出在变光开关或车灯开关上。

任务实施

教学活动　检查与更换汽车灯泡

1. 检查工具、设备准备

汽车一辆、同型号新灯泡和手套。

2. 操作步骤

1）确认车辆熄火。
2）在冷车状态，打开发动机舱盖。
3）戴上手套，将灯泡的电源插口拔开，如图4-1所示。
4）拔开电源接口后，将灯泡背后的防水盖拿掉，如图4-2所示。

图4-1　将灯泡的电源插口拔开

图4-2　将灯泡背后的防水盖拿掉

5）从反射罩中取出灯泡，如图4-3所示。（灯泡一般是由钢丝卡簧固定，某些车型的灯泡还带有塑料底座。）

6）将新灯泡放入反射罩，对准灯泡的固定卡位，捏住两边的钢丝卡簧往里推，将新灯泡固定在反射罩内，如图4-4所示。

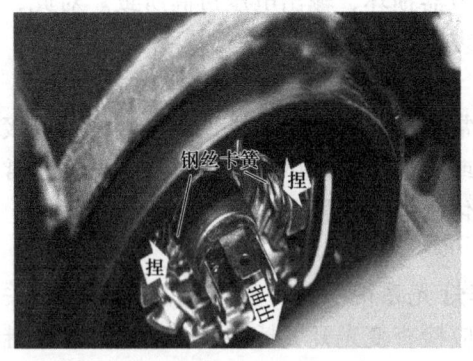

图4-3　从反射罩中取出灯泡

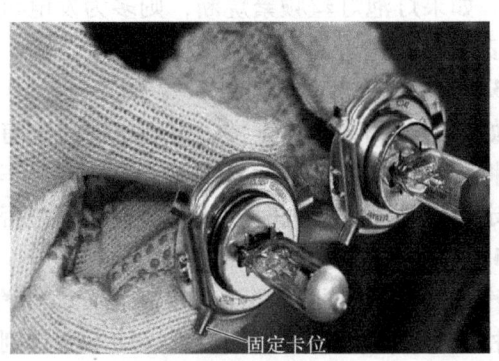

图4-4　安装新灯泡

7）装上电源并插上，完成操作。

任务二　刮水器刮片的检查与维护

任务目标

1. 了解造成刮片损坏老化的原因。
2. 了解刮水器使用常见问题及原因分析、解决方法。
3. 掌握刮水器刮片的安装、检查和维护方法。

任务描述

刮水器（图4-5）经常在恶劣环境下使用容易导致胶条老化和折断。因此，必须学会刮水器的检查、维护和更换。

知识储备

造成刮水片损坏老化的原因如下：
1）雨水中的酸和盐。
2）空气中的沙、泥和灰尘等杂物。
3）车蜡和废气中的油等化学物质。
4）冬天的冰和雪。
5）红外线、紫外线和臭氧。
6）太阳照射到风窗玻璃产生的热量。

图4-5　刮水器

任务实施

教学活动　检查与维护刮水器刮片

1. 检查工具、设备准备

整车一辆、抹布和通用工具。

2. 检验步骤

检验时，注意采用经验法进行检查：

看：查看胶条是否破裂、是否有附着物，支架是否生锈、变形、变色。

听：察听刮水器是否发出跳动、抖动等异响。

摸：橡胶老化、金属零件松动。

擦：运转时玻璃上是否有条痕、跳跃痕、是否有斑点水痕和片状水痕。

具体的检查步骤如下：

1）接通点火开关，起动发动机，使发电机正常供电。

2）打开刮水器开关，选择不同档位，检查每一只刮水器是否正常工作。

3）刮水器工作档位从上至下分别为去雾（MIST）、慢速（Lo）、快速（Hi）、间歇（INT）。旋转刮水器开关，调节间歇时间，观察变化。

4）关闭刮水器开关，检查刮水器是否能自动停止在规定位置。

5）拨动刮水器开关，使洗涤器工作，检查喷射到风窗玻璃上的洗涤液是否在规定区域内，必要时检查喷嘴和储液罐。检查刮水器能否联动工作。

6）检查刮水效果，是否出现条纹状的刮水痕迹等故障现象。必要时，检查橡胶刮片或予以更换。

3. 刮水器使用常见问题及原因分析、解决方法

刮水器使用常见问题及原因分析、解决方法见表4-1。

表4-1　刮水器使用常见问题及原因分析、解决方法

常见问题	原因分析	解决方法
刮出条痕	刮水器胶条损坏或有异物	清洗胶条、更换刮片
跳跃、斑点	玻璃上有油、有蜡	清洗玻璃
运转发响声	刮水器支架的接触点、铆钉有松动	紧固支架螺钉
换向时发出声响	胶条过软	更换刮水器胶条

4. 注意事项

1）选择刮水器时注意刮水器长度：太短，视线面积小；太长，又会相交、交叉。

2）安装有支架的刮片时要注意刮片上下方向。

3）刮水器卡扣类型要与车型匹配。

4）更换刮片时，玻璃与刮水臂之间垫块布，防止刮片将玻璃划伤。

5）拆卸刮片时，摇臂要轻放在玻璃上，注意防止摇臂打破玻璃。

任务三　车内仪表、开关及按键功能的检查

任务目标

1. 了解车内仪表、开关及按键的相关功能。
2. 会进行车内仪表、开关及按键相关功能的检查。

任务描述

汽车长期使用之后，汽车电器技术状况逐渐下降，严重影响行车安全。

汽车车内仪表、开关及按键技术状况下降或出现故障后，应立即查找技术状况下降或功能失效的原因。

对汽车电器的检查包括：检查灯光开关功能；检查刮水器调节功能；检查仪表显示是否正常；检查 CD、广播按键、旋钮功能是否正常；检查空调按键、旋钮功能是否正常；检查车窗玻璃开关、旋钮功能是否正常等。

知识储备

1. 仪表板上的常用标志

汽车驾驶室的仪表板上装有指示汽车、发动机运行工况的各种仪表、警告灯、指示灯、各种控制开关和按钮、旋钮。为了便于驾驶人识别和控制，在各指示灯、开关的相应位置标有醒目的形象符号。汽车仪表板上常用标志及其含义如图 4-6 所示。

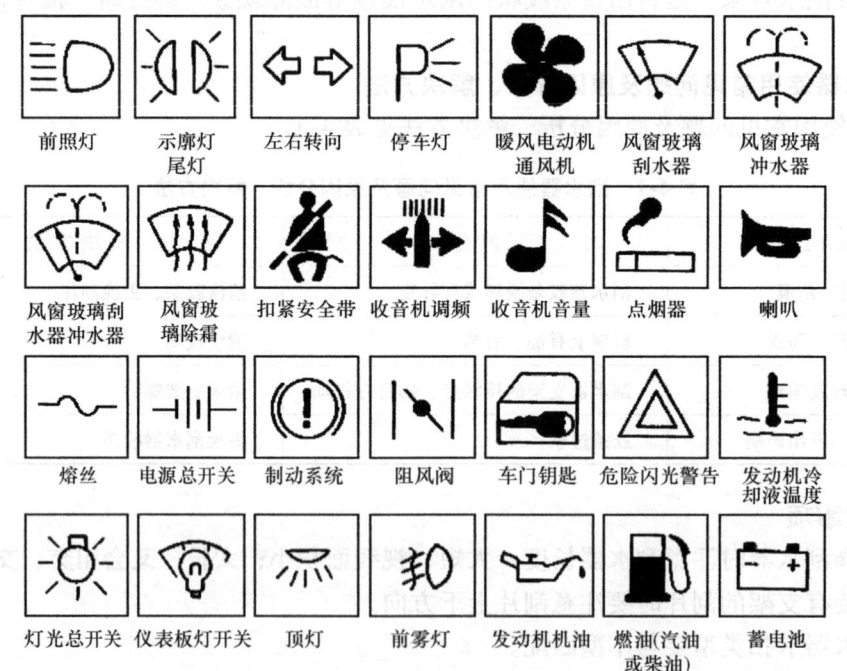

图 4-6　汽车仪表板上常用标志及其含义

2. 照明及信号装置

为了保证汽车行驶安全和工作可靠，在汽车上装有各种照明装置和信号装置，用以照亮道路、表示车辆宽度和车辆所处的位置、照明车厢内部、指示仪表。此外，在转弯、制动、会车、停车和倒车等工况下，还应发出光亮或音响信号，以警示行人和其他车辆。车外照明及信号灯如图4-7所示。车内照明及信号灯如图4-8所示。

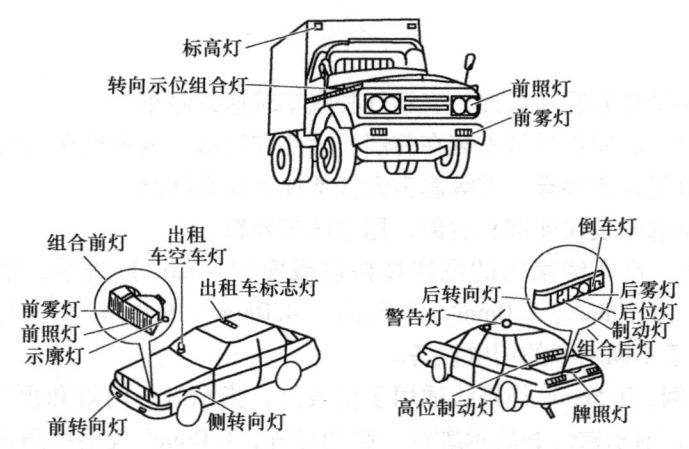

图4-7 车外照明及信号灯

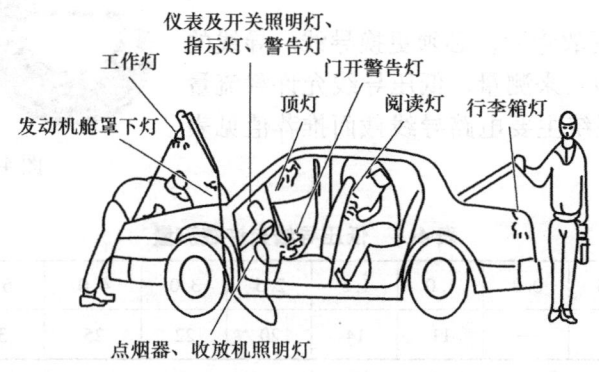

图4-8 车内照明及信号灯

照明及信号装置主要是指各种照明灯总成、信号灯总成、线束以及控制灯用开关。

(1) 照明灯

1) 前照灯。前照灯的主要用途是照明车前的道路和物体，确保行车安全。另外，前照灯还可以利用远、近光交替变幻作为夜间超车信号。前照灯安装在汽车头部的两侧，每辆车装2只或4只。灯泡功率为远光灯45~60W，近光灯25~55W。

2) 雾灯。雾灯装在前照灯附近或比前照灯稍微低的位置。它是在有雾、下雪、大雨或尘埃弥漫等能见度低的情况下，作为道路照明并为迎面来车提供信号的灯具。灯光多为黄色，这是因为黄色光波较长，有良好的透雾性能。灯泡功率一般为35W。

3) 倒车灯。倒车灯装于汽车尾部，用于照亮车后道路和告知车辆和行人，车辆正在倒车或准备倒车。它兼有灯光信号装置的功能。灯光为白色，功率为28W。

4) 牌照灯。牌照灯装在汽车尾部牌照上方，其用途是照亮车辆后牌照板。其要求是夜间在车后20m处能看清牌照上的号码。灯光为白色,功率一般为8~10W。

5) 顶灯。顶灯安装在驾驶室或车内顶部,供驾驶室内照明的灯具。顶灯灯光为白色,灯罩大多采用透明塑料制成,灯泡功率一般为5~8W。

6) 仪表灯。仪表灯是仪表照明用工具,常与仪表板连在一起。灯光为白色,灯泡功率一般为2~8W。

(2) 信号灯

1) 制动灯。制动灯安装在后部,表示行驶汽车减速或停车。

2) 转向信号灯。转向信号灯安装在前部、后部和侧部,表示汽车转向。

3) 雾灯。雾灯用以改善雾、雪等恶劣天气条件下视觉状况。

4) 示廓灯。示廓安装在前部和后部,标志汽车外廓。

(3) 汽车线束　汽车线束内的电线规格以截面积（mm^2）表示,常用的有 0.5mm^2、0.75mm^2、1.0mm^2、1.5mm^2、2.0mm^2、2.5mm^2、4.0mm^2、6.0mm^2 等。每种导线都有允许负载电流值,配用于不同功率的用电设备。

以整车线束为例,0.5mm^2 规格线适用于仪表灯、指示灯、门灯和顶灯等;0.75mm^2 规格线适用于牌照灯、前示廓灯和后示廓灯、制动灯等;1.0mm^2 规格线适用于转向灯和雾灯等;1.5mm^2 规格线适用于前照灯和喇叭等;主电源线（如发电机电枢线、搭铁线等）要求 2.5~4mm^2 电线。

当汽车用导线出现故障后,必须更换导线。导线的直径用千分尺（图4-9）来测量。低压导线允许载流量见表4-2。汽车电路系统主要电路导线截面推荐值见表4-3。

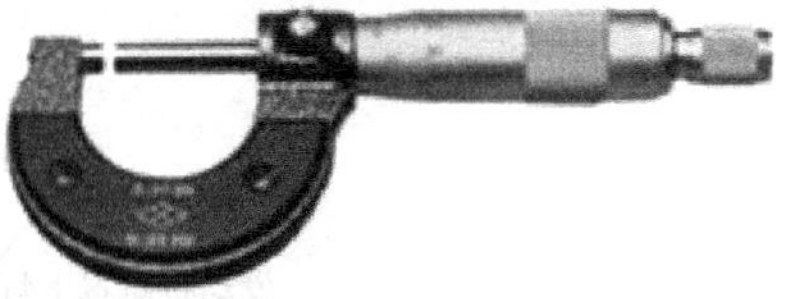

图4-9　千分尺

表4-2　低压导线允许载流量

导线截面积/mm^2	0.5	0.8	1.0	1.5	2.5	3.0	4.0	6.0	10	13
允许载流量/A	—	—	11	14	20	22	25	35	50	60

表4-3　汽车电路系统主要电路导线截面推荐值

电路名称	导线截面积/mm^2
尾灯、顶灯、指示灯、仪表灯、牌照灯、刮水器电动机、电钟	0.5
转向灯、制动灯、停车灯、分电器	0.8
前照灯（近光）、电喇叭（3A以下）	1.0
前照灯（远光）、电喇叭（3A以上）	1.5
其他5A以上的电路	1.5~4
电热塞	4~6
电源线	4~25
起动电路	16~95

单元四 汽车底盘附件及各系统元件的检查、调整与更换

任务实施

教学活动　检查车内仪表、开关及按键的功能

1. 检查工具、设备准备

整车一辆。

2. 检查步骤

（1）检查灯光开关功能　检查灯光开关旋转功能是否正常，如图4-10所示。

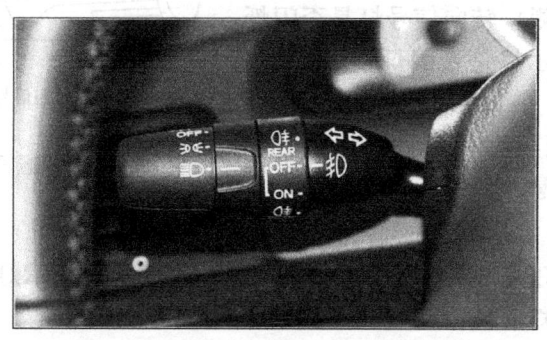

图4-10　检查灯光开关功能是否正常

两个人配合检查前照灯、转向灯、示廓灯和制动灯等灯光装置，如图4-11所示。

检查时，先打开灯光开关，依次检查全车各部位的灯光，踩下制动踏板，查看制动灯情况。发现不亮现象时，应予以排除。常见的灯光不亮故障多为灯泡烧毁或熔丝熔断所致，更换灯泡或熔丝即可排除故障。

图4-11　两个人配合检查灯光

以丰田花冠轿车灯光系统为例，灯光开关的检查方法如下：

1）插入车钥匙，接通点火开关，仪表上应亮起一些仪表指示灯。

2）旋转灯光开关至1档，检查示廓灯、牌照灯、尾灯和仪表板灯是否点亮。

3）旋转灯光开关至2档，检查前照灯（近光）是否点亮。

107

4）将灯光开关上、下拨动，使变光开关动作，检查远、近光的切换是否正常，检查仪表板上的远光指示灯是否点亮。

5）旋转灯光开关，接通雾灯开关，检查前雾灯是否点亮。

6）按下仪表台上的后雾灯开关，检查后雾灯是否点亮。

以丰田花冠轿车转向信号灯为例，转向灯光开关的检查方法如下：

1）插入车钥匙，接通点火开关。

2）转动转向盘，使车轮转动，依照转向盘的转动方向，顺时针（或逆时针）拨动灯光开关控制杆，检查右侧（或左侧）转向信号灯是否闪烁、仪表板上的绿色箭头指示灯是否闪烁，如图4-12所示。

3）转动转向盘，使车轮回位，检查转向信号灯及指示灯是否能自动熄灭。

4）关闭点火开关，按下警告灯开关，检查左、右两侧的转向信号灯是否同时闪烁，仪表板上的绿色箭头指示灯是否闪烁。

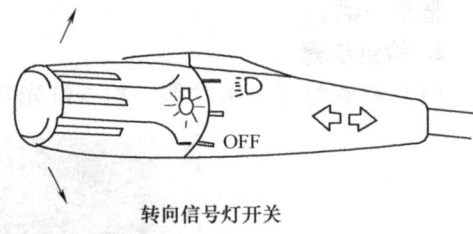

图4-12 丰田花冠轿车转向信号灯的使用方法

（2）检查汽车各种灯光总成和线束

1）检查灯光总成，如果发现损坏，则及时进行修复或更换。

2）检查、紧固全车线路。

3）检查全车线路接头，要求干净、整齐、连接可靠。

4）检查全车线路的绝缘层。如有破损，可用胶布包裹好，对于破损较多的导线，应予以更换。

5）检查全车线束固定情况。卡子应齐全、固定可靠、无松动。

（3）检查顶灯灯光开关功能　检查顶灯灯光开关功能是否正常，如图4-13所示。

（4）检查刮水器调节功能　检查刮水器调节功能是否正常，如图4-14示。

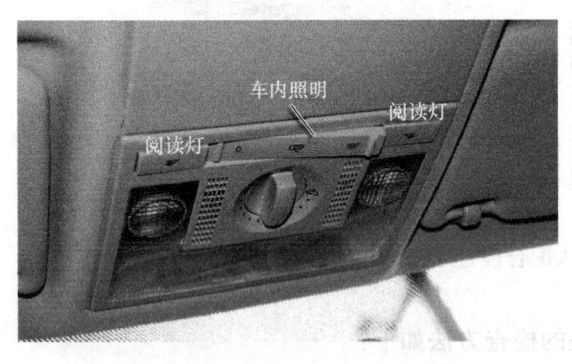

图4-13 检查顶灯灯光开关功能是否正常

图4-14 检查刮水器调节功能是否正常

（5）检查仪表显示　检查仪表显示是否正常，如图4-15所示。

1）接通点火开关。

2）观察仪表板上是否有充电指示灯亮起。

3) 踩下制动踏板，将变速杆在各档位来回拨动，观察仪表板上的指示灯是否相应变化。

4) 将变速杆放在 P 位，起动车辆，观察转速表；轻踩加速踏板，观察转速表是否有变化。

5) 运转发动机 2~3min，观察冷却液温度表的变化。

6) 观察其他仪表的情况。

（6）检查 CD、广播按键、旋钮功能　检查 CD、广播按键、旋钮功能是否正常，如图 4-16 所示。

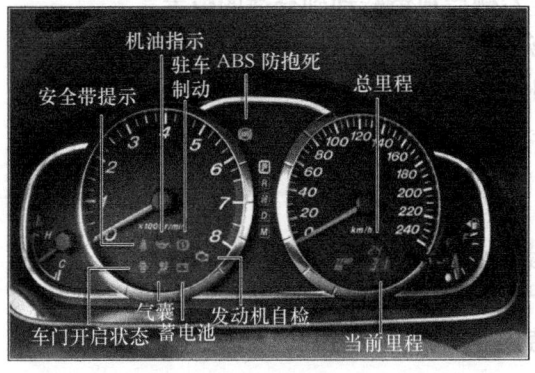

图 4-15　检查仪表显示是否正常

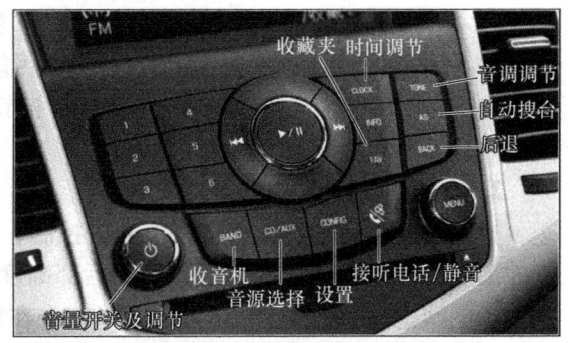

图 4-16　检查 CD、广播按键、旋钮功能是否正常

（7）检查空调按键旋钮功能　检查空调按键旋钮功能是否正常，如图 4-17 所示。

（8）检查车窗玻璃开关、后视镜旋钮功能　检查车窗玻璃开关、后视镜旋钮功能是否正常，如图 4-18 所示。

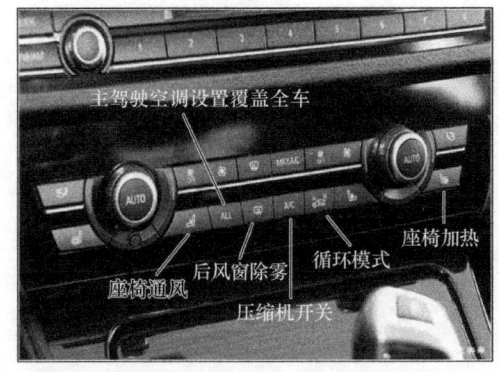

图 4-17　检查空调按键旋钮功能是否正常

图 4-18　检查车窗玻璃开关、后视镜旋钮功能是否正常

拓展与提高

检查车窗玻璃开关功能

1) 接通点火开关，起动发动机，正常运转。

2) 分别按下主开关上控制每个车窗的开关，观察车窗是否能正常工作。

3）分别按下每个车窗的分开关，观察车窗是否能正常工作。

4）按下主开关上的安全断路开关，再按下控制车窗的开关，观察车窗是否动作。

拓展与提高

1. 检查丰田花冠轿车电动后视镜

丰田花冠轿车的电动后视镜具有电动调整和折叠功能，开关设置在仪表台左侧，由选择开关、调整开关和折叠开关组成。

1）拨动选择开关，选择左侧后视镜。

2）根据驾驶人的视线角度拨动调整开关，使左侧后视镜转动到合适的位置。

3）拨动选择开关，选择右侧后视镜，重复第2步，使右侧后视镜转到合适位置。

4）按下折叠开关，观察两侧后视镜是否能自动折叠。

5）再次按下折叠开关，观察两侧后视镜是否能自动展开，并回复到之前调整到的位置。

2. 检查帕萨特轿车电动座椅

帕萨特轿车采用的电动座椅由开关控制、电动机驱动，可进行座椅的前后位置调节、座椅的高度调节（分为前部高度调节和后部高度调节两部分）、靠背的角度调节。整个机构共有4个电动机，其中3个在座椅底部，1个在靠背内部，开关设置在座椅左侧。

1）拨动座椅调整开关，观察座椅能否动作。

2）拨动靠背调整开关，观察靠背能否动作。

项目二 汽车底盘各系统元件的检查与调整

项目描述

汽车底盘各系统元件的检查与调整是汽车维修技术的主要内容之一,包括汽车底盘各系统元件的经验法综合检查以及汽车底盘传动系统、行驶系统、转向系统和制动系统的检查与调整。

任务一 汽车底盘各系统元件的经验法综合检查

任务目标

1. 了解经验法检查汽车底盘各系统元件的方法。
2. 会对汽车底盘各系统元件进行经验法综合检查。

任务描述

对汽车底盘各系统元件进行经验法综合检查主要是使用经验法检查车身底部防护层密封及连接状况、驱动轴及防尘罩、转向传动机构、燃油箱管路、制动管路、排气歧管、消声器状况及密封性、悬架减振器及减振弹簧的连接情况。

任务实施

教学活动　经验法综合检查汽车底盘各系统元件

1. 检测工具、仪表准备

举升机、汽车一辆、台虎钳、普通工具、螺钉旋具、手套和棉纱。

2. 检查步骤

1）举升机举升汽车，注意举升后举升机锁止。

2）检查车身底部防护层是否损坏，如图 4-19 所示。

3）目测检查驱动轴防尘罩情况，如图 4-20 所示。

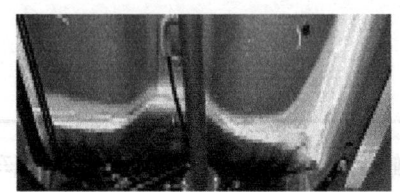

图 4-19　检查车身底部防护层

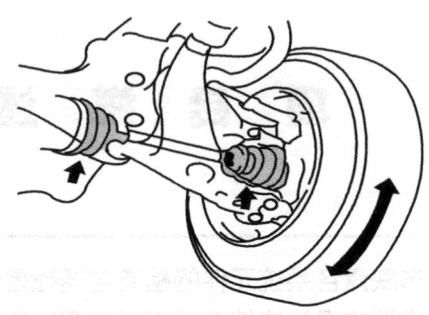

图 4-20　目测检查驱动轴防尘罩情况

4）目测检查驱动轴是否有扭曲和裂纹，如图 4-21 所示。

图 4-21　目测检查驱动轴是否有扭曲和裂纹

5）手握转向传动机构，检查其技术状况。重点检查转向传动机构各连接杆件是否存在裂纹断裂和松旷现象，如图 4-22 所示。

6）检查燃油箱管路、接头，观察是否存在泄漏现象，燃料管路与其他部件有无碰擦以及软管有无明显老化现象，如图 4-23 所示。

7）检查减振器密封及连接状况，检查减振弹簧是否存在裂纹、松旷，检查车桥与悬架之间的拉杆

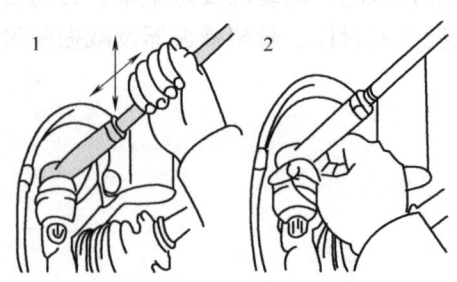

图 4-22　检查转向传动机构的工作状况

和导杆有无松旷、移位，检查减振器有无漏油，如图4-24和图4-25所示。

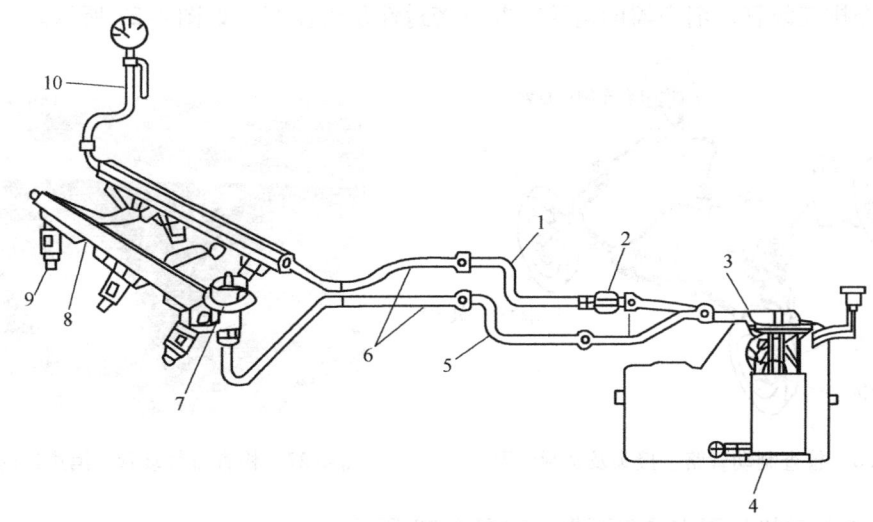

图4-23　检查燃油箱管路、接头
1—输油管　2—直列燃油滤清器　3—燃油泵软管　4—整体式油箱　5—回油管
6—连接软管　7—燃油压力调节器　8—油轨总成　9—喷油器　10—燃油压力表

  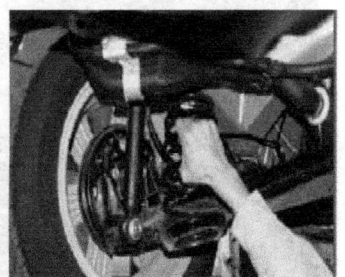

图4-24　检查减振器密封及连接状况，检查减振弹簧是否存在裂纹、松旷

图4-25　检查车桥与悬架之间的拉杆和导杆有无松旷、移位，检查减振器有无漏油

8）检查制动管路、接头及密封情况，观察是否存在制动液泄漏情况，检查制动系统管

路与其他部件有无摩擦和松动现象，如图4-26所示。

9）检查排气歧管、消声器的连接状况及密封性是否良好，如图4-27所示。

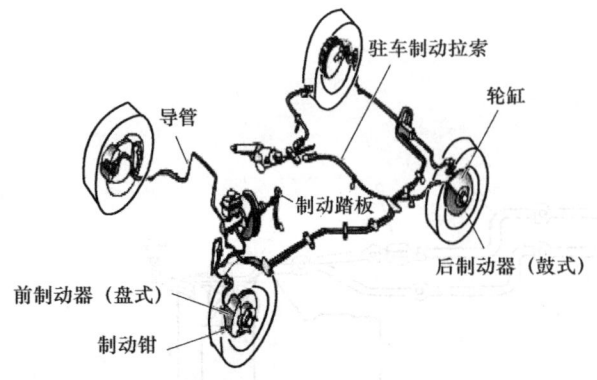

图4-26 检查制动管路、接头及密封情况

图4-27 检查排气歧管、消声器的连接状况

10）检查发动机的固定是否可靠，如图4-28所示。

图4-28 检查发动机的固定是否可靠

11）检查电器导线是否布置整齐、捆扎成束、固定卡紧以及线路有无破损现象；检查接头是否牢固并有绝缘套，在导线穿越孔洞时是否装设绝缘套管，如图4-29所示。

3. 诊断、验收标准

1）车身底部防护层完好。
2）驱动轴防尘罩完好。
3）驱动轴不存在扭曲和裂纹。
4）转向传动机构各连接杆件不存在裂纹断裂和松旷现象。
5）燃油箱管路、接头不存在泄漏现象，燃料管路与其他部件无碰擦及软管无明显老化现象。

图4-29 检查电器导线是否布置整齐、捆扎成束、固定卡紧以及线路有无破损现象

6）减振弹簧不存在裂纹和松旷，车桥与悬架之间的拉杆和导杆无松旷、移位，减振器无漏油现象。

7）车桥与悬架之间的拉杆和导杆无松旷、移位。

8）制动管路、接头不存在制动油泄漏情况，制动管路与其他部件无摩擦和固定松动现象。

9）排气歧管、消声器的连接状况及密封性良好。

10）发动机固定可靠。

11）电器导线布置整齐、捆扎成束、固定卡紧以及线路无破损现象，接头牢固并有绝缘套。

任务二　汽车离合器踏板自由行程的检查与调整

任务目标

会进行离合器踏板自由行程的检查与调整。

任务描述

离合器踏板行程包括自由行程和有效行程，如图 4-30 所示。其中自由行程是分离轴承与分离杠杆之间间隙的体现，此间隙随着从动盘摩擦片的磨损而逐渐变小，若间隙太小，甚至没有间隙，则分离轴承因与分离杠杆长时间接触会迅速磨损，导致损坏，离合器在接合期会出现打滑故障；如果间隙太大，则离合器将出现分离不开的故障。因此，应定期检查与调整离合器踏板自由行程。

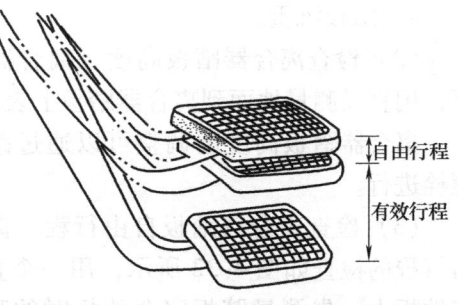

图 4-30　富康轿车离合器踏板行程

知识储备

液压助力式离合器的结构如图 4-31 所示。

离合器的检查维护主要包括检查离合器踏板自由行程、检查离合器的工作情况以及检查离合器储液罐液面高度等。

1. 离合器储液罐液面高度检查

检查主缸储液罐内离合器液（制动液）面的高度，如果低于 MAX 的标记，则应补加。

2. 离合器液压操纵机构泄漏检查

液压操纵机构泄漏检查主要是检查主缸与油管、工作缸与油管及油封等部位是否有离合器液的痕迹。

3. 离合器踏板检查

（1）检查离合器的工作情况　踩下离合器踏板，检查是否存在下述故障：

1）踏板回弹无力。

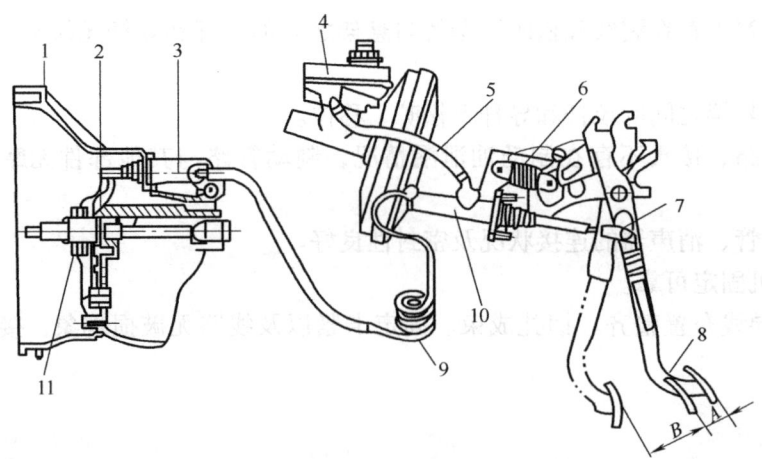

图 4-31 液压助力式离合器的结构
1—变速器壳机 2—分离叉 3—工作缸 4—储液罐 5—进油软管 6—回位弹簧
7—推杆接头 8—离合器踏板 9—油管总成 10—主缸 11—分离轴承
A—踏板自由行程 B—踏板有效行程

2）异响。
3）踏板过度松动。
4）踏板沉重。

（2）检查离合器踏板高度 离合器踏板高度的检查如图 4-32 所示，掀起地毯或地板革，用直尺测量地面到离合器踏板上表面的距离。如果超出标准，则应调整踏板高度。

离合器踏板高度的调整可以通过踏板后的限位螺栓进行。

（3）检查离合器踏板自由行程 离合器踏板自由行程的检查如图 4-32 所示，用一个直尺抵在驾驶室地板上，先测量踏板完全放松时的高度，再用手轻按踏板，当感到阻力增大时再测量踏板高度，两次测量的高度差即踏板的自由行程。

踏板自由行程的调整如图 4-32 所示，液压式操纵机构一般是调整主缸推杆的长度，先将主缸推杆锁紧螺母旋松，然后转动主缸推杆，从而调整踏板自由行程，调整后应将锁紧螺母旋紧。

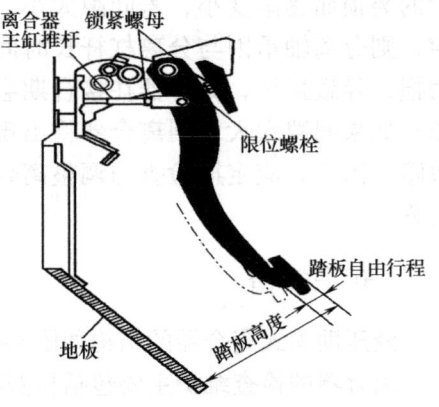

图 4-32 离合器踏板高度的检查

有些车辆的操纵机构具有自调装置，如捷达乘用车，可以免除离合器踏板自由行程的调整。

（4）离合器分离点的检查 起动发动机，使发动机怠速运转。在没有踩下离合器踏板时缓慢地换档到倒车档。逐渐踩下离合器踏板，测量踏板的自由行程到齿轮噪声停止进入啮合位置的行程量。

4. 离合器工作情况检查

车辆可靠停驻，拉起驻车制动杆。起动发动机，发动机怠速运转，踩下离合器踏板，换到 1 档或倒档，检查是否有噪声、是否换档平稳。如果有噪声或换档不平稳，则说明离合器分离不彻底。

任务实施

教学活动　检查与调整富康轿车离合器踏板自由行程

1. 检测工具、仪表准备

汽车一辆、直尺。

2. 操作步骤

富康轿车离合器踏板自由行程的测量与调整步骤如下：

1）测出离合器踏板在完全放松时的高度。

2）测量踩下踏板感到分离杠杆被分离轴承压上时的高度。

3）两次测量的行程差即离合器踏板自由行程。

4）如果不符合要求，则可用离合器分离叉拉杆上的调整螺母进行调整。调整时，根据需要拧入或拧出调整螺母，拧入调整螺母则自由行程减少，拧出调整螺母则自由行程增加，如图 4-33 所示。

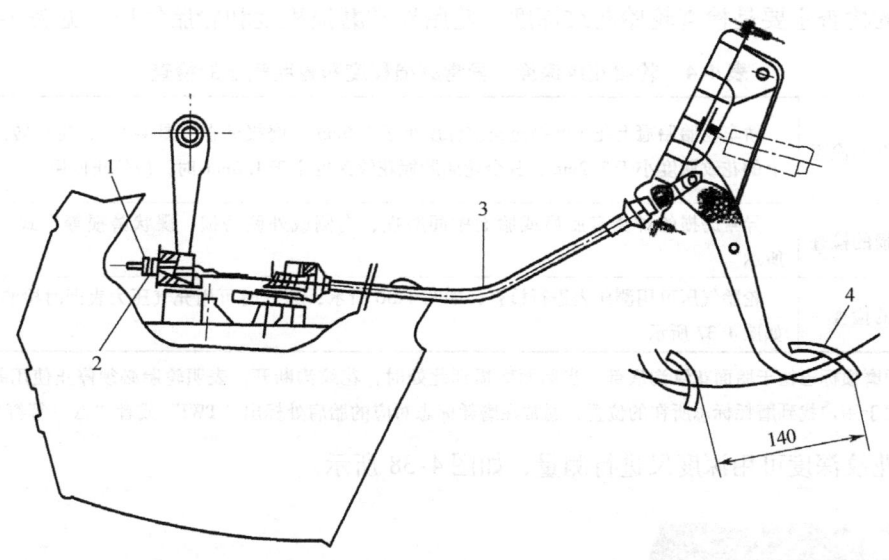

图 4-33　富康轿车拉索式离合器
1—紧锁螺母　2—调整螺母　3—拉索　4—离合器

3. 检测验收标准

富康轿车离合器踏板自由行程为 5～15mm，有效行程不小于 140mm。

任务三　车轮和轮胎的拆装与维护

任务目标

1. 了解轮胎类别（有内胎轮胎和无内胎轮胎）及轮胎拆装机的类型。

2. 掌握汽车轮胎拆装机的使用方法及技巧。
3. 会进行汽车轮胎拆装。
4. 会进行各种汽车的四轮换位。
5. 会用离车式平衡机进行车轮的动平衡。
6. 会进行汽车四轮定位参数的检测。

任务描述

汽车长期使用之后，汽车行驶系统技术状况逐渐下降，轮胎磨损严重或破裂。汽车行驶系统技术状况下降或出现轮胎异常磨损后，不仅要检查与更换汽车轮胎，更重要的是查找技术状况或轮胎异常磨损的原因。检查轮胎的异常磨损、拆装车轮与轮胎、检查四轮定位参数以及检查车轮的平衡度有利于查找出行驶系统技术状况下降或出现轮胎异常磨损的具体原因。

知识储备

1. 轮胎的检查

轮胎的检查主要是检查轮胎花纹深度、轮胎异常磨损程度和轮胎气压，见表4-4。

表4-4 轮胎花纹深度、异常磨损程度和轮胎气压的检查

轮胎花纹深度的检查	轿车轮胎胎冠上花纹磨损至花纹深度小于1.6mm（磨损标志，图4-34），货车转向轮胎胎冠上的花纹深度小于3.2mm，其余轮胎胎冠花纹深度小于1.6mm时，应停止使用
轮胎异常磨损的检查	异常磨损的种类有胎肩或胎面中间磨损、内侧或外侧磨损、碟状磨损等形式，如图4-35所示
轮胎气压的检查	轮胎气压可用测压表进行检查，如图4-36所示；充气时可用充气压力表即时检测轮胎气压，如图4-37所示

注：胎面磨损标志位于胎面花纹沟底部，当胎面磨损到此处时，花纹沟断开，表明轮胎必须停止使用并送去翻新。为便于用户找到磨耗标志所在的位置，通常在磨耗标志对应的胎肩处标出"TWI"或者"△"等符号。

轮胎花纹深度可用深度尺进行测量，如图4-38所示。

图4-34 轮胎磨损标志

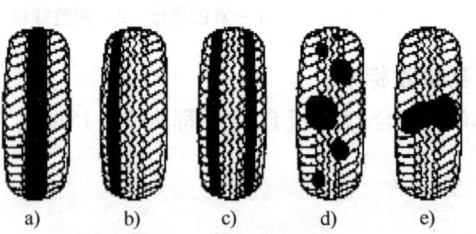

图4-35 轮胎异常磨损
a) 中间磨损 b) 内侧或外侧磨损 c) 两边磨损
d) 碟状磨损 e) 斑秃形磨损

单元四 汽车底盘附件及各系统元件的检查、调整与更换

图4-36 用测压表测量轮胎气压

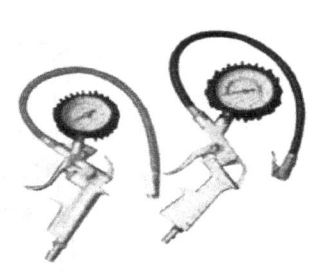
图4-37 充气压力表

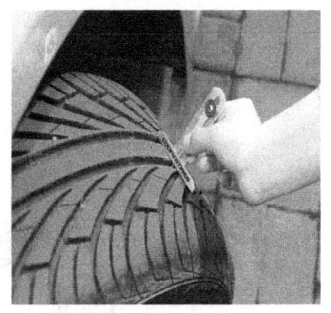
图4-38 轮胎花纹深度的检查

2. 轮胎磨损原因

轮胎异常磨损的现象及原因见表4-5。

表4-5 轮胎异常磨损的现象及原因

现　　象	原　　因
轮胎的中央部分磨损	主要原因是由于充气量过大
轮胎两边磨损	1）充气量不足 2）长期超负荷行驶
轮胎的单边磨损	前轮定位失准。（当前轮的外倾角过大时，轮胎的外边形成早期磨损，外倾角过小或没有时，轮胎的内边形成早期磨损）
轮胎胎面出现锯齿状磨损	前轮定位调整不当或前悬架系统位置失常、球头松旷，使正常滚动的车轮发生滑动或行驶中车轮定位不断变动而形成轮胎锯齿状磨损
个别轮胎磨损量大	个别车轮的悬架系统失常、支撑件弯曲或个别车轮不平衡都会造成个别轮胎早期磨损
轮胎出现斑秃形磨损	1）轮胎平衡性差 2）经常紧急制动

3. 车轮定位的定义及作用

转向轮、转向节和前轴三者与车架的安装应保持一定的相对位置关系，这种安装位置关系称为转向车轮定位，也称为前轮定位。对两个后轮来说，也同样存在与后轴之间安装的相对位置关系，称为后轮定位。前轮定位和后轮定位统称为车轮定位。转向轮定位包括前轮外倾角、主销后倾角、主销内倾角及前轮前束四个参数。

（1）前轮外倾角 当前轮处于摆正的位置时，前轮中心平面与地面不垂直，而是向外倾斜一个角度ϕ，这种现象称为车轮外倾，这个角度称为前轮外倾角，如图4-39所示。

（2）前轮前束 安装车轮时，不使汽车两前轮的中心平面平行，而是前端略向内束。
假设两轮前边缘距离为B，两轮后边缘距离为A，那么$A-B$称为前轮前束，如图4-40所示。当后边缘的距离比前边缘距离大时，为正前束，反之，为负前束，负前束又称为前张。前束也可用前束角（前张角）来表示。
车轮外倾角与前束的关系是相互配合而又相互抵消不良影响的关系。
前轮前束值的大小可以通过改变横拉杆的长度来调整。

（3）主销后倾角 在纵向平面内，相对于铅垂线主销上部向后倾斜一定角度γ，这种现象称为主销后倾，这个角度称为主销后倾角，如图4-41所示。

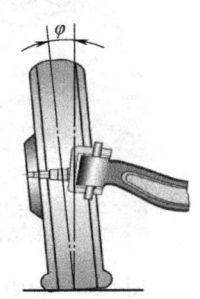
图4-39 车轮外倾角示意图

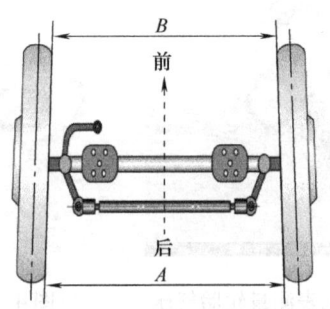
图4-40 前束示意图

主销向后倾斜，其角度为正；主销向前倾斜，其角度为负。现代汽车的主销后倾角一般在 2°~3°之间。

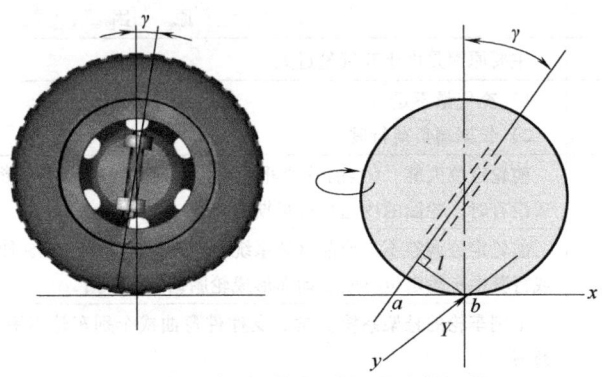
图4-41 主销后倾角示意图

主销后倾的作用是形成回正的稳定力矩。

当主销具有后倾角时，主销轴线延长线与路面交点 a 将位于车轮与路面接触点 b 的前面。当转向轮偶然受到外力作用而向右偏转时，将使汽车向右转向。这时，由于离心力的作用，在车轮与路面的接触点 b 处，路面对车轮作用着一个侧向反作用力 Y，反力 Y 对车轮形成绕主销轴线作用的力矩 Y_1，其方向正好与车轮偏转方向相反，正是此力矩使车轮回到原来中间的位置，从而保证汽车稳定的直线行驶，故称此力矩为稳定力矩。

由于轮胎气压降低，弹性增加，使稳定力矩增加。因此，有些汽车主销后倾角可以减少到接近于零，甚至为负值，如红旗牌轿车的主销后倾角为 $-1°30'$。

（4）主销内倾角 在横向平面内，主销上部向内倾斜一个角度 β，这种现象称为主销内倾，这个角度称为主销内倾角，如图 4-42a

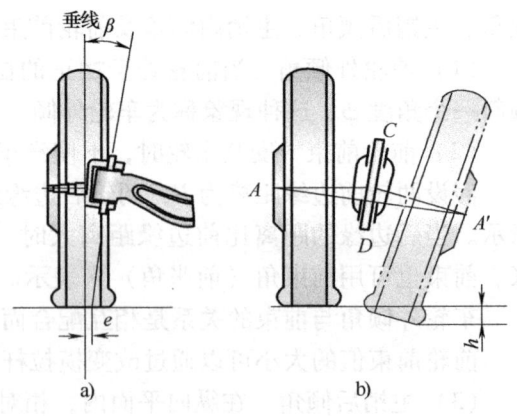
图4-42 主销内倾角及其作用

所示。

主销内倾角能使车轮自动回正。即当转向轮在外力作用下由中间位置偏转一个角度时，转向轮会使整辆汽车前部向上抬起一个相应的高度，这样汽车的重力使转向轮回复到原来中间位置（势能最低状态），如图 4-42b 所示。

4. 车轮换位

为了帮助增强轮胎的使用寿命以及均匀磨损，每行驶 10 000km 必须进行轮胎换位。

5. 车轮静不平衡与静平衡

车轮的静不平衡是指车轮质心与其旋转中心不重合。

6. 车轮动不平衡与动平衡

在图 4-43a 中，车轮是静平衡的，在该车轮旋转轴线的径向反位置上，各有一作用半径相同、质量也相同的不平衡点 m_1 与 m_2，且不处于同一平面内。对于这样的车轮，其不平衡点的离心力合力为零，但离心力的合力矩不为零，转动中产生方向反复变动的力偶 M，使车轮处于动不平衡状态。

动不平衡的前轮绕主销摆动。如果在 m_1 与 m_2 同一作用半径的相反方向上配置相同质量 m'_1 与 m'_2，则车轮处于动平衡中，如图 4-43b 所示。

动平衡的车轮肯定是静平衡的，因此对车轮主要应进行动不平衡检测。

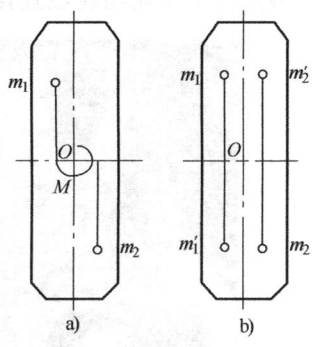

图 4-43　车轮平衡示意图
a）车轮静平衡但动不平衡
b）车轮动平衡且静平衡

7. 车轮不平衡的原因

车轮不平衡的原因有：车轮定位不准确；轮辋质量分布不均；轮胎质量分布不均、使用中变形或磨损不均、使用翻新胎或补胎；单胎的充气嘴未与不平衡点标记相隔 180°安装，装双胎的充气嘴未相隔 180°安装；轮毂、制动鼓（盘）加工时加工误差大；轮毂、制动鼓（盘）非加工面铸造误差大、热处理变形、使用中变形或磨损不均；车轮碰撞严重；侧滑量过大；轮胎在圆周方向上与轮辋发生滑移；制动抱死、制动拖滞、紧急制动、起步过猛；维修时未按标记装复轮胎和车轮；平衡块丢失或平衡块位置发生变化。

任务实施

教学活动 1　拆装汽车车轮并对其连接情况进行检查

1. 检测工具、仪表准备

汽车一辆、三角木、普通工具、扭力扳手。

2. 操作步骤

（1）车轮总成的拆卸

1）停稳车辆，用三角木掩住各车轮。

2）取下车轮上的装饰罩，用套筒扳手初步拧松各连接螺母，如图 4-44 所示。

3）用千斤顶顶在指定的位置，使被拆车轮稍离地面。也可将车辆停在举升机上，升起车辆，使车轮稍微离开地面，如图4-45所示。

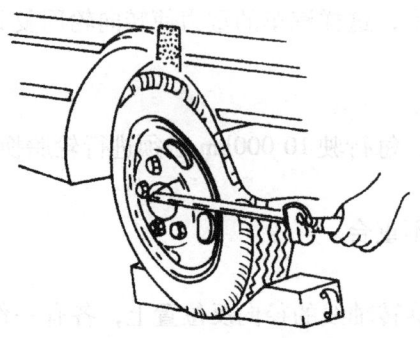

图4-44　用套筒扳手初步拧松各连接螺母

图4-45　用千斤顶顶在指定的位置，使被拆车轮稍离地面

4）拧下车轮与轮毂连接的全部螺母，如图4-46所示。取下垫圈，并摆放整齐。

图4-46　拧下车轮与轮毂连接的全部螺母

图4-47　用扭力扳手按对角线顺序分2~3次拧紧车轮螺母

5）边向外拉边左右晃动车轮，从车桥上取下车轮总成。

（2）车轮总成的安装

1）清洁车轮固定螺母或螺栓，将螺纹部分涂上少量润滑油；顶起车桥，套上车轮，将螺母初步拧在螺柱上。

2）放下车轮并在车轮前后用三角木掩住，用扭力扳手按对角线顺序分2~3次拧紧车轮螺母，最后一次按规定力矩拧紧，力矩的大小参照维修手册的规定执行，如图4-47所示。

>>> **注意**　拧紧时请勿用力过度！

教学活动2　拆装无内胎轮胎

1. 实训工具设备准备

空气压缩机、轮胎拆装机（图4-48）、撬棍、润滑脂、油刷和拆装平衡块专用小锤（图4-49）。

单元四 汽车底盘附件及各系统元件的检查、调整与更换

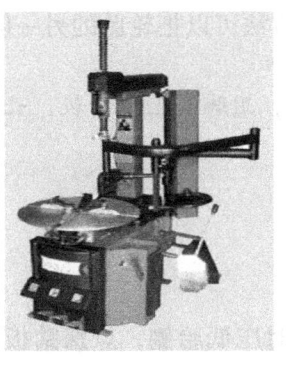

图 4-48 轮胎拆装机

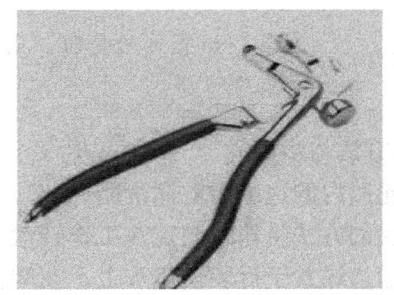

图 4-49 拆装平衡块专用小锤

2. 拆装步骤

操作前检查和拆卸轮胎：

1）检查拆装机的电源、气源和机械传动部分是否正常。
2）踩下和踩回撑夹踏板，检查转盘上的夹爪能否张开和闭合。
3）踩下和松开风压铲踏板，检查风压铲能否动作和复位。
4）踩下和上抬正反转踏板，检查转盘能否顺时针转动和逆时针转动。
5）检查锁紧杠杆是否锁紧垂直轴。
6）放掉轮胎中的空气。
7）卸掉钢圈上的旧平衡块，如图 4-50 和图 4-51 所示。

挂钩式
平衡块

图 4-50 轮胎上的旧平衡块

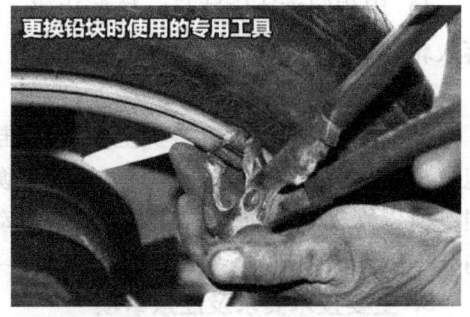

图 4-51 卸掉钢圈上的旧平衡块

8）将轮胎置于风压铲和橡胶板之间，使风压铲置于轮毂边与轮胎之间，距离轮毂边约 1cm 处。然后踩风压铲踏板，使轮毂边与胎边分离。

>>> 注意 拆胎时，应使用毛刷在胎边涂上润滑油，否则拆胎时可能会造成胎边严重磨损。

9）将轮胎放在转盘上，踩下控制踏板，锁住轮毂。
10）将垂直轴置于工作位置，使拆装机机头靠近轮毂边，使拆装机机头内锥滚离轮毂边约 3mm 的距离，避免划伤轮毂边，并用锁紧杠杆锁紧。
11）用撬棍把胎边撬在拆装机机头上，撬棍不必抽出，点踩旋转控制踏板，让转盘顺

时针旋转，即可拆下轮胎，如图4-52所示。用同样的方法可以把轮胎的另一侧拆下。

>>> 注意　　注意：如果拆胎受阻，则即刻停止，用脚面上抬踏板，让转盘逆时针转动，消除障碍。

轮胎安装方法与步骤：

1）先在轮胎内侧边缘涂上润滑脂。

2）用拆胎的方法将轮毂固定在工作转盘上。

3）将轮胎边缘置于拆装机机头上，左端向上，同时压低胎侧，点踩踏板，使工作转盘顺时针旋转直到使胎边落入轮辋内，如图4-53所示。

图4-52　拆卸轮胎

图4-53　安装轮胎

4）用相同方法安装另一轮胎边缘，同时使用撬棍压低胎侧，再踩踏板，直至轮胎边缘落入轮辋内。

5）轮胎充气。

6）将轮胎从轮胎拆装机上拿下，准备进行车轮平衡（新车上的车轮是经过动平衡的，但汽车行驶后很多因素会影响车轮的平衡性，从而影响汽车的操纵稳定性，并且加速轮胎磨损，所以修理过的或新的轮胎必须经过动平衡才能使用。车轮动态不平衡量应在规定的范围内）。在需平衡位置安装平衡块，如图4-54所示。

3. 主要技术要求及注意事项

1）拆车轮时将千斤顶顶在规定的位置上。

2）车轮及车轮螺栓是相互配对的，调换不同规格的车轮（如合金车轮或安装冬季用轮胎的车轮），必须采用长度及锥度合适的螺栓。它影响车轮的紧固程度及制动系统的功能。

3）基于安全原因，轮胎应成对调换而不可单个调换，花纹深的轮胎应装在前轮上。

4）更换轮胎时，必须装用同型号的轮胎，轮胎侧面压铸有轮胎型号标记。例如：

图4-54　在需平衡位置安装平衡块

桑塔纳2000系列轿车用轮胎侧面压铸有"WARRIOR 195/60 R1485H"标记，以供选用时识别。

5）轮胎与轮辋必须配套使用，拆装时要求使用轮胎拆装机，不允许对轮辋进行敲击，也不能用撬棒去撬。

教学活动3　车轮换位

1. 实训工具、设备准备

整车一辆、举升机或起重器、轮胎花纹深度测量尺、三角木、充气压力表、空气压缩机和普通工具。

2. 拆装步骤

轮胎换位前，应首先进行轮胎技术状况的检查。

（1）升起汽车

1）用三角垫木塞住车轮。

2）将起重器（千斤顶）放到汽车起升规定位置。

3）升起轮胎，使轮胎离地 5~6cm，如图 4-55 所示。

（2）检查轮胎不正常磨损情况　检查轮胎的整个表面，查看轮胎是否有不正常磨损情况，如图 4-56 所示。

图 4-55　升起汽车　　　　图 4-56　检查轮胎整个表面的不正常磨损情况

（3）检查轮胎裂纹或损坏情况。

1）检查轮胎的整个表面，如图 4-57 所示。

2）外胎内壁应光滑，不得有沙子；外胎嵌入石子，应将其清除掉。如果因气压不足而损坏或有较大破洞（其穿洞长度不超过 30mm 且数量不超过 3 个，两洞距离不小于 50mm），则应进行修补轮胎。

（4）检查胎面花纹深度

1）测量轮胎胎面严重磨损。已暴露出帘布层或胎纹磨损最严重的部分。

2）轮胎花纹及胎面局部损伤部位超过规定标准（胎内有局部帘线层跳线或辗线，损坏层数不超过 3 层（10 层级），长度不超过圆周长的 1/4 或胎圈帘线有轻微松散）时，应报废轮胎。

3）用花纹深度尺检查花纹深度，要求不超过轮胎磨损标志，如图 4-58 所示。

（5）检查轮胎充气压力　检查轮胎充气压力，如图 4-59 所示。

1）落下汽车，测量充气压力。

2）气门嘴与气压表之间不能漏气。

3）充气，以保证轮胎正常的轮胎气压。

（6）检查气门是否漏气　检查气门是否漏气，如图 4-60 所示。

1）拆下气门嘴帽。

2）将肥皂水加在气门嘴端。

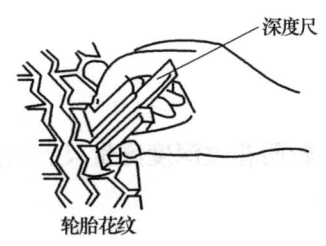
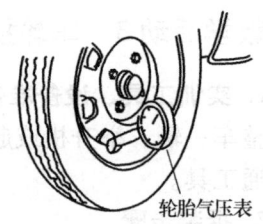

图 4-57 检查轮胎的整个表面　　图 4-58 用花纹深度尺检查花纹深度　　图 4-59 检查轮胎充气压力

3）观察是否漏气。
4）拧紧气门嘴帽。

车轮换位时，应按换位顺序进行换位。

轮胎换位方法常用的有交叉换位法、循环换位法和单边换位法。装用普通斜交轮胎的六轮二桥汽车常用图 4-61 中的交叉换位法，具体做法是左右两交叉，主胎（后内）换前胎，前胎换帮胎（后外）、帮胎换主胎。这样，通过三次换位后每条轮胎就可轮到一次担负内（主力）胎。

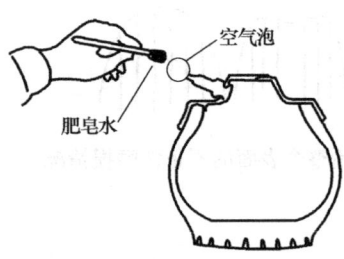

图 4-60 检查气门是否漏气

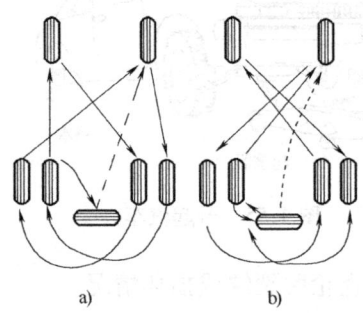

图 4-61 六轮二桥汽车轮胎换位法
a）循环换位　b）交叉换位

四轮二桥汽车斜交胎也可采用交叉换位法，如图 4-62a 所示。子午线胎宜用单边换位法，如图 4-62b 所示。

子午线轮胎的旋转方向应始终不变。若轮胎反向旋转，则会因钢丝帘线反向变形而产生振动，导致汽车平顺性变差。因此，一些轿车使用手册推荐单边换位法。

轮胎换位后，应按所换的胎位要求重新调整气压。

轮胎换位后必须做好记录，下次换位仍要按上次选定的换位方法换位。

大中型汽车轮胎换位顺序如图 4-63 所示。

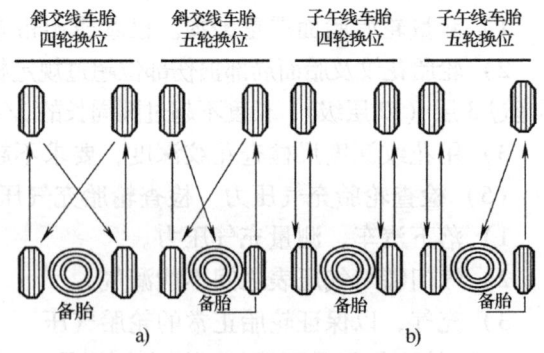

图 4-62 四轮二桥汽车轮胎换位法
a）交叉换位　b）单边换位

单元四 汽车底盘附件及各系统元件的检查、调整与更换

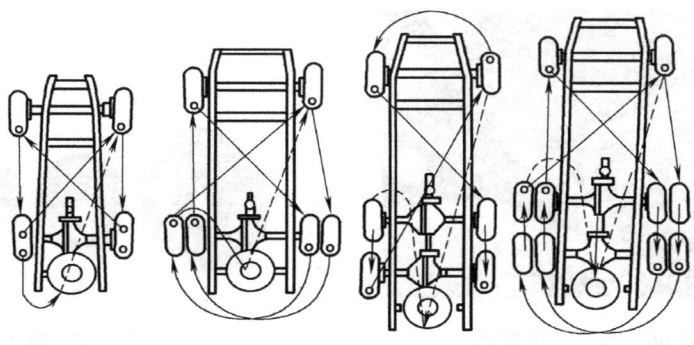

图 4-63 大中型汽车轮胎换位顺序

> **注意**
> 1）更换轮胎与车轮时，应选用尺寸、负荷范围和速度等级相同的轮胎进行更换。
> 2）混合使用子午线轮胎和斜交轮胎会降低车辆的制动能力、驱动力（地面附着力）以及转向精确度。
> 3）使用不同尺寸或结构的轮胎会导致 ABS（防抱死制动系统）无法协调工作。
> 这是因为 ABS 是通过比较各车轮的转速而工作的，因此更换轮胎时必须使用与车辆原装轮胎尺寸一致的轮胎。

教学活动 4 用离车式平衡机对轮胎进行动平衡

1. 检测仪器、设备准备

离车式车轮动平衡机（图 4-64）一台，汽车一辆，举升机一台，铅块一套。

2. 检测步骤

1）平衡前，清除被测车轮上的泥土、石子，拆掉旧平衡块，如图 4-65 和图 4-66 所示。

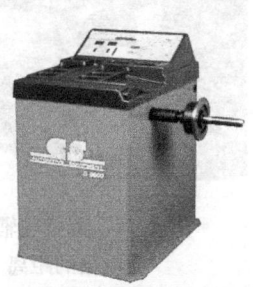

图 4-64 车轮动平衡机　　　　图 4-65 清除被测车轮上的泥土、石子

2）检查轮胎气压，一定要充至规定值。
3）根据轮辋中心孔的大小选择锥体（图 4-67），仔细地装上车轮，用大螺距螺母拧紧。图 4-68 所示为安装车轮用大螺距螺母。图 4-69 所示为用大螺距螺母安装车轮示意图。

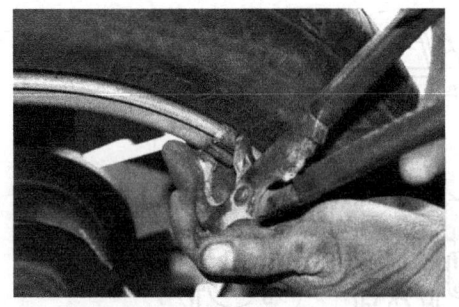
图 4-66 拆掉旧平衡块

图 4-67 锥体

4)打开车轮平衡机电源开关,检查指示与控制装置的面板是否指示正确。

5)用离车式车轮动平衡机的专用卡尺(图 4-70)测量轮辋宽度 L(图 4-71)和轮辋直径 D(可由胎侧读出),用平衡机上的标尺测量轮辋边缘至机箱的距离 A(图 4-72),再用键入或选择器旋钮对准测量值的方法,将 A、D、L 值键入指示与控制装置中。

图 4-68 安装车轮用大螺距螺母

图 4-69 用大螺距螺母安装车轮示意图

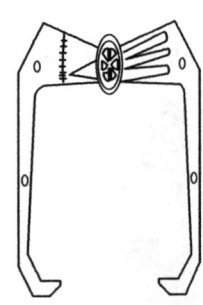
图 4-70 车轮动平衡机的专用卡尺

图 4-71 测量轮辋宽度 L

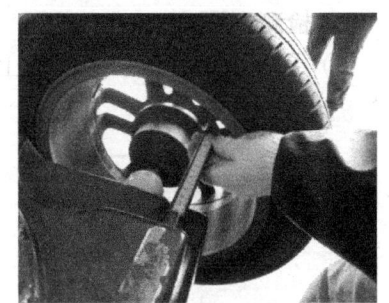
图 4-72 测量轮辋边缘至机箱的距离 A

6)放下车轮防护罩,按下"起动"键,车轮旋转,平衡测试开始,自动采集数据。

7)车轮自动停转或听到"嘀"声后,按下停止键并操纵制动装置使车轮停转,此时从指示装置上读取车轮内、外不平衡量和不平衡位置。

8)抬起车轮防护罩,用手缓慢转动车轮。当指示不平衡位置的指示灯亮时,停止转动。

用平衡专用锤（图4-73）在轮辋的内侧或外侧的上部（时钟12点位置）加装指示装置显示的该侧平衡块（图4-74）质量。内、外侧应分别进行，平衡块装卡要牢固。

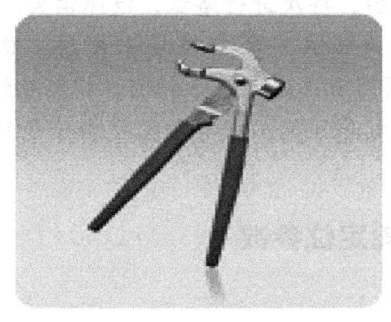

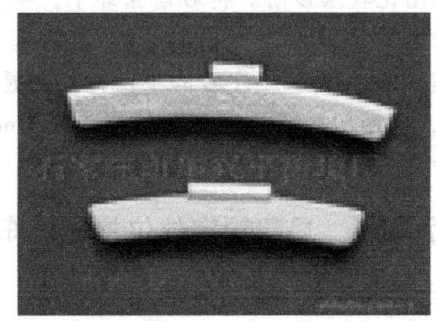

图4-73 平衡专用锤　　　　　　　　　图4-74 平衡块

9）安装平衡块后有可能产生新的不平衡，应重新进行平衡试验，直至不平衡量小于5g，指示装置显示"00"或"OK"时才能满意。当不平衡量相差10g左右时，如果能沿轮辋边缘前后移动平衡块一定角度，则可获得满意的效果。

10）测试结束，关闭电源开关。

3. 注意事项

1）严禁冲击和敲打主轴或传感器支架。

2）在检修车轮动平衡机时，传感器的固定螺栓不得松动。

3）车轮动平衡机的平衡重也称为配重，通常有卡夹式和粘贴式两种类型。卡夹式配重适用于轮辋有卷边的车轮。对于铝镁合金轮辋，因无卷边可夹，可使用粘贴式配重。粘贴式配重的外弯面有不干胶，粘贴于轮辋内各面。

4）因交通事故而严重变形的轮辋或胎面大面积剥离的车轮，是不能上机进行平衡检测的。

5）当不平衡量超过最大配重时，可用两个以上的配重并列使用。

6）使用离车式车轮动平衡机平衡车轮后，最好能再用就车式车轮动平衡机进行校对。

拓展与提高

一辆汽车在某低速或某高速时摆头故障的诊断

1. 故障现象

一辆现代伊兰特轿车，加速至15km/h时，转向盘开始发抖；车速高于20km/h时，恢复正常；车速继续降至20km/h时，仍出现转向盘抖动；再低于15km/h时，抖动现象消失，恢复正常；行驶至75km/h以上时，转向盘、车身振摆严重；减速行驶至75km/h以下，故障消失。

2. 诊断过程

一般来说，转向盘振摆分为两种情况：一种是低速摆头，即汽车在20km/h以下感到方向不稳、摆头；另一种是高振摆，即汽车在高速行驶或在某一较高车速时出现行驶不稳、摆头，甚至转向盘抖动。

1）进行路试。路试中故障现象再次出现。

2）反复路试后进一步发现，在平坦的路段高速行驶时，汽车右前部上下颠簸明显。因此，初步判断右前轮振摆。

3）采用比较法诊断。将右前轮卸下，换上新胎，再次进行路试，故障消失。

4）对车轮进行细致的检查，发现轮辋内、外侧共安装有多块平衡块，总质量约为420g。在平衡块排列部位左右的范围内，胎冠磨损严重，内侧重于外侧。轮胎花纹最大深度差为5mm，轮胎胎冠圆轴最小半径差为3.5mm。由此可见，车身振摆是由于轮胎异常磨损所致。

教学活动5　用四轮定位仪检测汽车四轮定位参数

1. 检测仪器设备准备

四轮定位仪（图4-75）一套，待检汽车一辆，四柱举升机（图4-76）一台，通用工具一套，轮胎气压表一只，转向盘支架一只，制动踏板支架一只。

图4-75　四轮定位仪

图4-76　汽车停放在四柱举升机上

2. 检测步骤

（1）场地、设备准备

1）场地应平整水平。

2）举升机完好，无故障，安全能用。

3）传感器完好无损。

4）车道托板活动自如，转角仪完好能用。

5）安全销能起作用。

（2）车辆准备

1）车辆空载。

2）制动系统无故障。

3）轮胎气压符合规定。用轮胎气压表检查轮胎气压，并使之符合规定，如图4-77所示。

（3）仪器准备

1）仪器通电显示正常。

2）在转角仪（图4-78）上插上安全销。

单元四 汽车底盘附件及各系统元件的检查、调整与更换

图4-77 用轮胎气压表检查轮胎气压

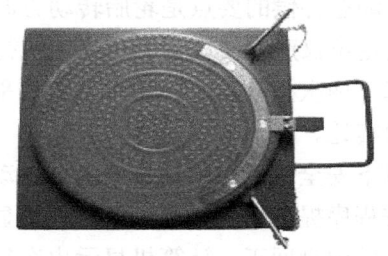
图4-78 转角仪

3)驾驶车辆,使汽车上线,汽车前轮停在转角仪中心,拉紧驻车制动杆。

4)举升汽车并检查胎压是否符合规定,检查主销是否松旷,检查悬架、半轴和轮毂轴承是否松旷。检查完毕后,降落举升平台到有利于安装传感器的位置。

5)在四个轮辋上分别安装传感器支架(图4-79),系安全绳,注意水平仪气泡管中的气泡处于正中位置。

6)安装传感器(图4-80)及导线。把传感器支架安装在轮辋后,把传感器(定位校正头)安装到支架上,并按使用说明书的规定调整水平。(注意:车轮与传感器一一对应,不要装错位置)。

图4-79 安装传感器支架

图4-80 安装传感器

7)打开电源开关,微型计算机进入"检测界面"。

8)单击检测界面中"顺序流程"检测图标。

9)输入被测汽车的车型、生产年份及客户资料。

10)按仪器使用说明书的要求举升两次小车,对固定在车轮上的传感器按1号—3号—2号—4号(图4-81)的顺序进行轮缘动态补偿操作,以消除轮辋变形对检测的影响。

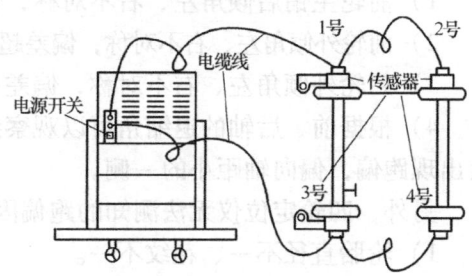
图4-81 传感器位置

>>> 注意　如果所使用的卡具是快速卡具,则只有在轮毂损坏程度较严重时,才需要作轮缘动态补偿(对于奥迪A6或帕萨特B5,测量前必须作轮缘动态补偿);如果所使用的是自定心卡具,则对所有车辆必须作轮缘动态补偿。

作轮缘动态补偿的要点是轮胎转动方向应为车辆正常行驶时的转动方向，轮缘动态补偿方法按四轮定位仪产品使用说明书规定执行。

11）降下两次举升小车，使车轮落到平台上；把汽车前部和后部向下压动 4～5 次，使各部位落到实处。

12）取下安全销，用制动支架压下制动踏板，使汽车处于制动状态。

13）按程序提示转动转向盘至计算机显示"OK"。

14）将转向盘回正，计算机显示出车轮的前束及外倾角数值。

15）调整转向盘，并用转向盘支架锁止转向盘，使之不能转动。

16）将安装在四个车轮上的定位校正头的水平仪调到水平线上，此时计算机显示出转向轮的主销后倾角、主销内倾角、转向轮外倾角和前轮前束的数值。若超出允许范围，则按计算机提示的调整方法进行针对性调整。

> **>>> 注意** 作定位调整前，用转向盘锁将转向盘固定后，再升起举升机到合适调整的高度，将举升机锁止在水平安全位置。将四个传感器调整为水平状态后，再操作定位仪进入定位调整操作。

17）再次压试汽车，将转向轮左右转动，观察屏幕上数值有无变化，若有变化，则应重新进行调整。

18）拆下定位校正头和支架，进行路试，检查四轮定位调整的效果。

3. 检测标准

四轮定位仪显示屏显示绿色数据为合格数据参数，红色数据为不合格数据参数，黑色数据为不能调整数据参数。

四轮定位仪微型计算机存储有世界各车型标准数据库，可进行查阅。

4. 四轮定位的故障原因分析

（1）跑偏 造成跑偏的原因归纳起来有：

1）前轮主销后倾角左、右不对称，偏差超过 0.5°，车辆朝主销后倾角小的一侧跑偏。

2）前轮外倾角左、右不对称，偏差超过 0.5°，车辆朝前轮外倾角正值最大的一侧跑偏。

3）后轮外倾角左、右不对称，偏差超过 0.5°，车辆朝后轮外倾角最小的一侧跑偏。

4）根据前、后轴的退缩角可以观察到车辆轴距的变化，前、后退缩角之和超过 0.2°就会出现跑偏，偏向轴距小的一侧。

另外，四轮定位仪无法测知的跑偏因素还有：

1）轮胎直径不一、花纹不一。

2）胎压不均匀。

3）偏制动。

4）转向动力不平衡。

5）悬架零件磨损，失调（如弹簧弹力不一致）。

（2）吃胎

1）前轮同时吃外侧或同时吃内侧：前轮前束不对。

2）前轮单轮吃胎：车轮外倾角不对。

3）后轮吃胎：车轮外倾角、前轮前束不对。

另外，四轮定位仪无法测知的吃胎因素还有：

1）轮胎气压过高，吃轮胎胎面中心线附近。

2）轮胎气压过低，吃轮胎两侧。

3）底盘零件有问题。

（3）车辆发飘 主销后倾角接近于零或主销后倾角为负。

（4）转向盘沉重

1）主销后倾角过大。

2）外倾角不正确。

3）前轮前束负值。

4）悬架零件变形。

（5）转向盘回正能力差

1）主销后倾角过小。

2）转向机有问题。

3）主销内倾角过小。

轻微颠簸后或加速时车辆甩尾主要是由后轮前束角不正确引起的。

拓展与提高

四轮定位参数调整的常用方法

1）从上控制臂调整，见表 4-6。

表 4-6 从上控制臂调整

示 意 图	调 整 内 容
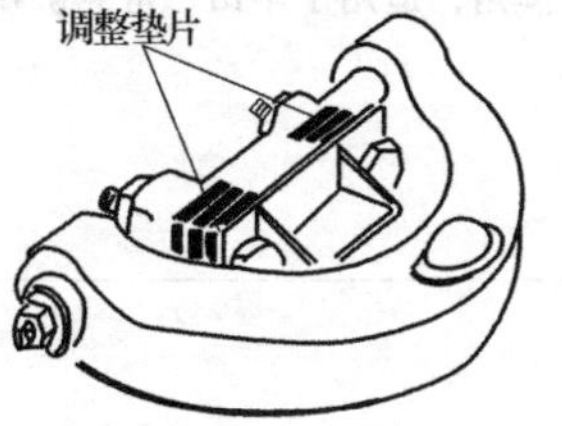 调整垫片	增减垫片以调整主销后倾角和车轮外倾角，适用于别克、丰田、马自达、陆地巡洋舰等车型
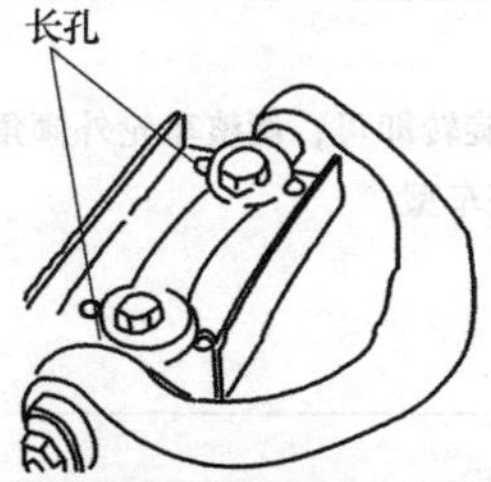 长孔	移动上控制臂来调整前轮外倾角和主销后倾角，适用于克莱斯勒等车型
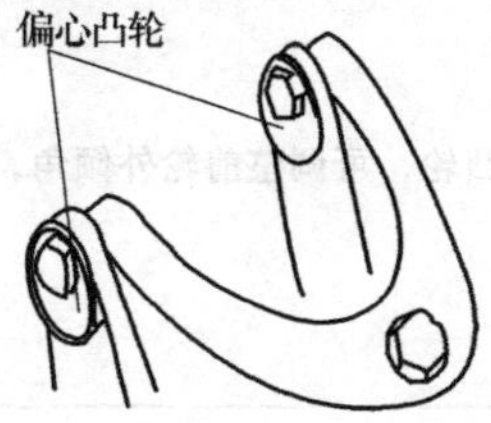 偏心凸轮	旋转凸轮来调整车轮外倾角和主销后倾角，适用于别克、凯迪拉克、雪佛兰、福特等车型

（续）

示 意 图	调整内容
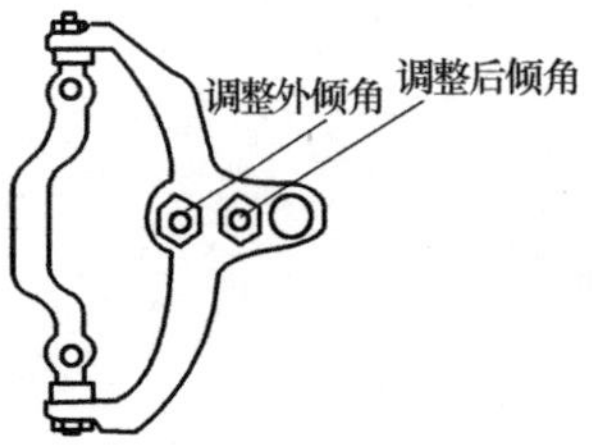 (图)	旋转上控制臂上的两个偏心凸轮来调整主销后倾角和车轮外倾角，适用于皇冠、福特等车型
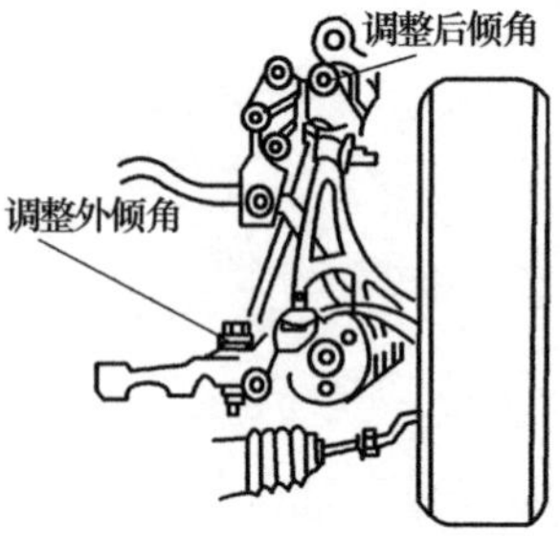 (图)	分别旋转两个偏心螺栓来调整车轮外倾角和主销后倾角，适用于本田、丰田等车型

2) 从下控制臂调整，见表4-7。

表4-7 从下控制臂调整

示 意 图	调整内容
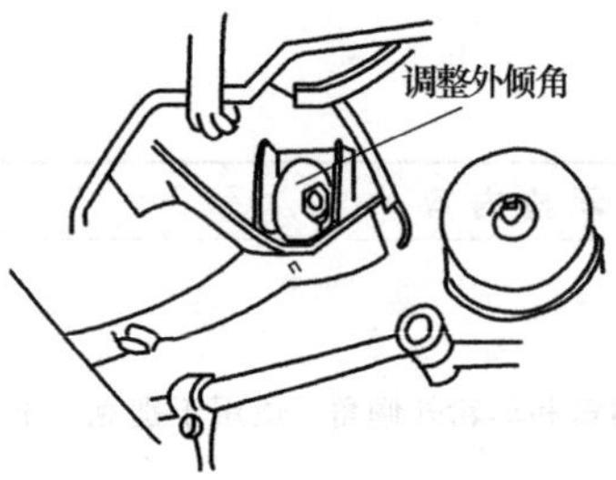 (图)	旋转偏心凸轮，可调整车轮外倾角，适用于丰田、雷克萨斯、林肯、马自达等车型
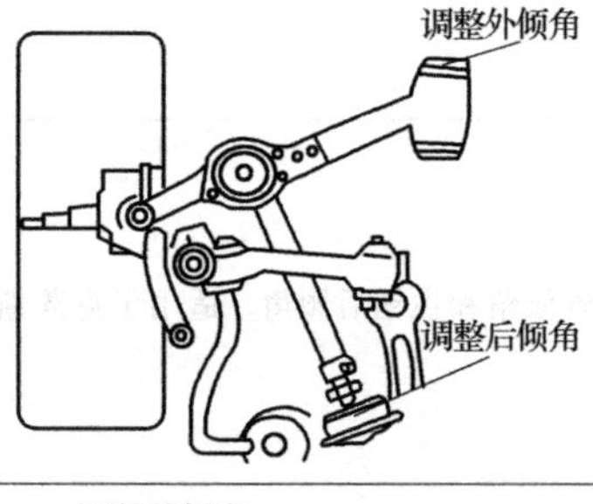 (图)	调整主销后倾角时，松开环销并旋转即可；调整车轮外倾角时，旋转偏心螺栓。适用于梅塞德斯-奔驰等车型
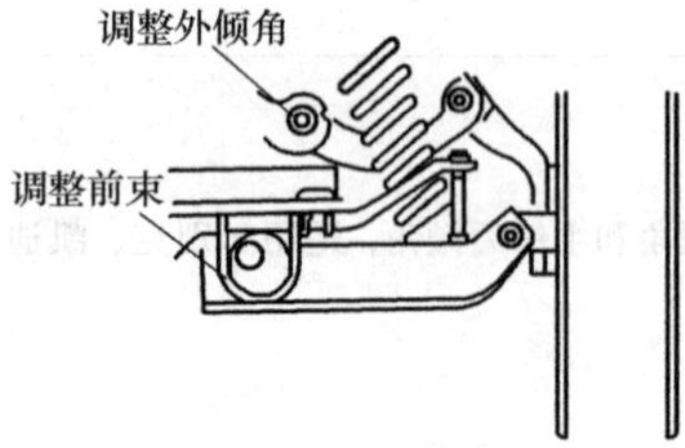 (图)	松开控制臂安装螺栓，旋转偏心凸轮，可调整前轮外倾角，适用于皇冠、福特等车型

(续)

示意图	调整内容
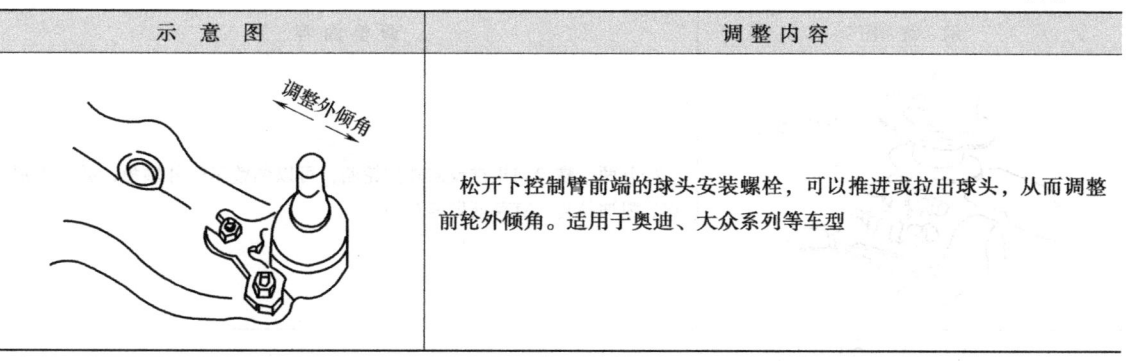	松开下控制臂前端的球头安装螺栓，可以推进或拉出球头，从而调整前轮外倾角。适用于奥迪、大众系列等车型

3）从减振器顶部进行调整，见表4-8。

表4-8 从减振器顶部进行调整

示意图	调整内容
	松开前减振器顶上的几个定位螺栓，可以通过沿前卡孔左右移动减振器来调整前轮外倾角，适用于奥迪等车型
	松开前减振器顶上的定位螺栓，向下推着前减振器并旋转180°，顺时针转则增大外倾角，逆时针转则减小外倾角，适用于福特、马自达等车型

4）从减振器支架部位进行调整，见表4-9。

表4-9 从减振器支架部位进行调整

示意图	调整内容
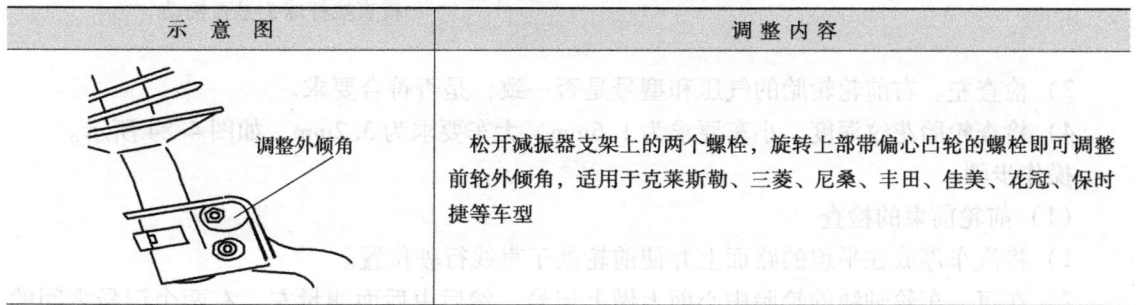	松开减振器支架上的两个螺栓，旋转上部带偏心凸轮的螺栓即可调整前轮外倾角，适用于克莱斯勒、三菱、尼桑、丰田、佳美、花冠、保时捷等车型

(续)

示 意 图	调整内容
调整外倾角	松开两个螺栓向里推或向外拉轮胎,可以调整车轮外倾角,适用于别克、凯迪拉克、克莱斯勒等车型
衔铁	松开减振器的两个螺栓,向外或向内移动轮胎上部,可以调整车轮外倾角。调整后可以加进楔形锯齿边铁片,既能固定,又可防松脱。适用于福特等车型

注:对于非独立悬架车桥车轮外倾角的调整,有的车型采用在制动器与减振器支架之间增减斜度垫片的方法,如桑塔纳、雪佛兰乐风等车型后桥的调整,具体的调整方法在汽车维修手册中有明确规定。

5. 检查与调整转向轮前束

检测前准备:

1)首先检查轮毂轴承是否松旷,如图 4-82 所示。

2)检查转向节主销、横直拉杆球头是否松动,如图 4-83 所示。

图 4-82　检查轮毂轴承是否松旷

图 4-83　检查转向节主销、
横直拉杆球头是否松动

3)检查左、右前轮轮胎的气压和型号是否一致,是否符合要求。

4)检查轮胎花纹深度,小车要求为 1.6mm,大车要求为 3.2mm,如图 4-84 所示。

操作步骤:

(1)前轮前束的检查

1)将汽车停放在平坦的路面上并使前轮处于直线行驶位置。

2)在每一车轮轴线的轮胎中心面上做上记号,然后由后面测量左、右两个记号之间的距离。

3）再将汽车向前推行，直到位于轮胎后面的记号转到前方为止，测量位于轮胎前面两个记号之间的距离。

4）两次测量应在轮胎的同一点和同一高度进行，两次测量得出的数值之差即前束值，如图 4-85 和图 4-86 所示。

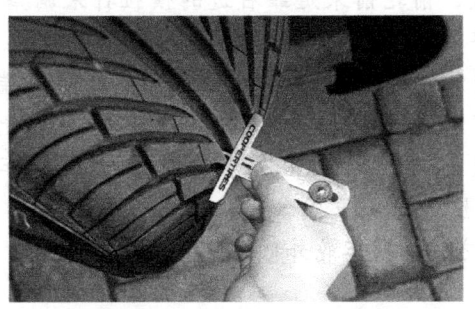

图 4-84　检查轮胎花纹深度

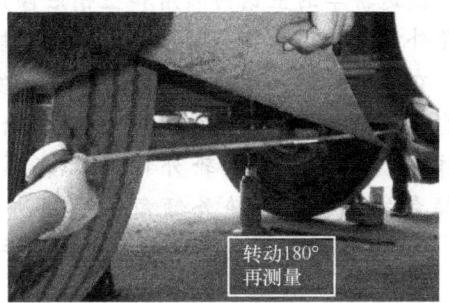

图 4-85　检查前束

（2）前轮前束的调整

1）松开横拉杆两端的防松螺母。

2）转动横拉杆或左、右移动横拉杆使其伸长或缩短，调到规定值范围即可。

3）前束值调到规定值范围后拧紧横拉杆两端的锁紧螺母，如图 4-87 所示。

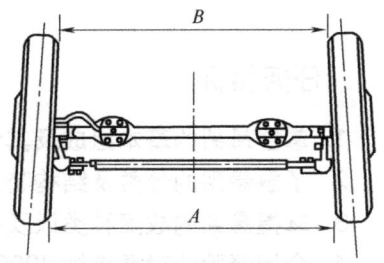

图 4-86　前束示意图

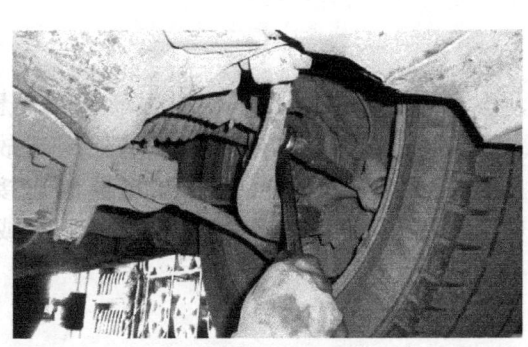

图 4-87　调整前束

拓展与提高

捷达轿车行驶时车轮前部有异响故障的诊断

1. 故障现象

一辆捷达 CL 型轿车，在路面行驶时，听见前部车轮有异响。

2. 诊断过程

1）检查前轮轮胎气压是否符合标准。

2）检查左、右两侧悬架高度是否一致，检查减振器弹簧是否折断。

3）检查前轮轴承、转向球头是否松旷。

经检查，上述各部件均正常。

4）再检查前轮定位。

捷达轿车的主销内倾角和主销后倾角不可调整，前轮前束是靠右边的横拉杆来调整的，前轮外倾角是靠悬架与轴承壳体的连接螺栓来调整的。

在四轮定位仪上检查车轮外倾角，发现车轮外倾角超标。捷达轿车的前桥悬架上端与车身相连，下端通过两个螺栓与车轮轴承相连。两个螺栓既起固定悬架与轴承壳体的作用，又可调整车轮外倾角。该螺栓在悬架上的固定位置发生变化必然引起车轮外倾角的变化，车轮外倾角的变化进而引起行驶时轮胎发响。

5）调整。根据汽车说明书或维修手册规定的方法调整车轮外倾角的大小。

6）试车，车轮不再发生异响。

任务四　悬架的基本检查

任务目标

1. **掌握悬架的基本组成及其作用。**
2. 了解悬架的分类及结构特点。
3. 掌握悬架的故障种类以及每种故障的故障现象、原因及诊断方法。
4. 会用经验法对桑塔纳 2000 轿车前悬架进行基本检查。
5. 会用振动试验台对悬架进行检查。

任务描述

汽车长期使用之后，汽车行驶系统的技术状况逐渐下降，悬架技术状况的好坏直接影响到汽车行驶系统的技术状况是否良好。汽车悬架出现故障后，不仅要检查弹性元件和减振器，更重要的是要检查弹性元件和减振器的连接情况。检查弹性元件和减振器的连接情况，有利于查找出行驶系统技术状况下降或出现轮胎异常磨损的具体原因。

知识储备

1. 悬架的组成、分类及作用

悬架一般都由弹性元件、减振器和导向机构等组成，轿车一般还有横向稳定杆。螺旋弹簧悬架的安装位置和组成如图 4-88、图 4-89 和图 4-90 所示。

2. 悬架种类

悬架分为非独立悬架（与整体式车桥配用）和独立悬架（与断开式车桥配用）两大类，如图 4-91 所示。

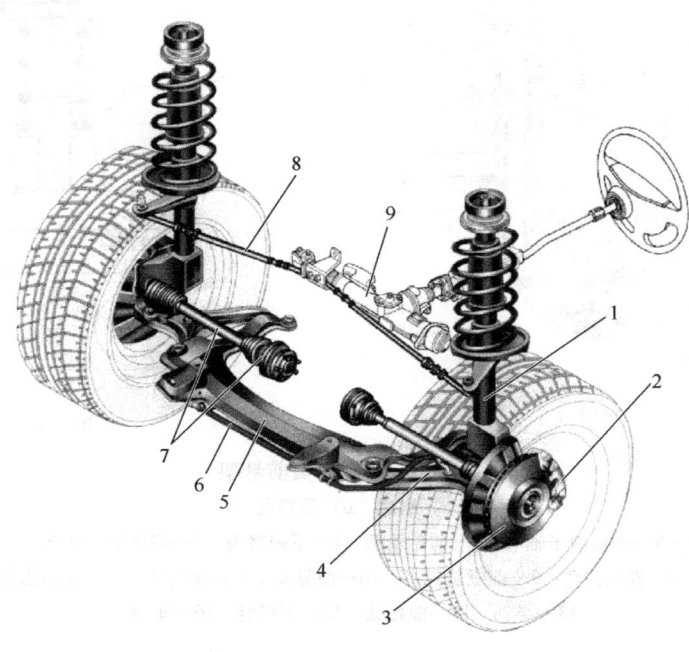

图 4-88 悬架在转向驱动桥中的安装位置
1—前悬架总成 2—制动钳 3—制动盘 4—摆臂
5—副车架 6—横向稳定杆 7—等速万向节与半轴
8—转向横拉杆 9—转向器

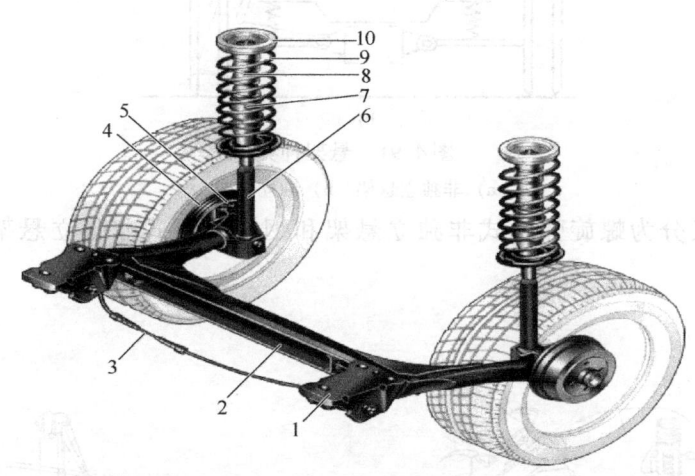

图 4-89 螺旋弹簧后悬架
1—橡胶-金属支承座 2—后桥 3—驻车制动拉索 4—制动鼓
5—制动底板 6—减振器 7—橡胶护套 8—缓冲限位块
9—后螺旋弹簧 10—上弹簧座

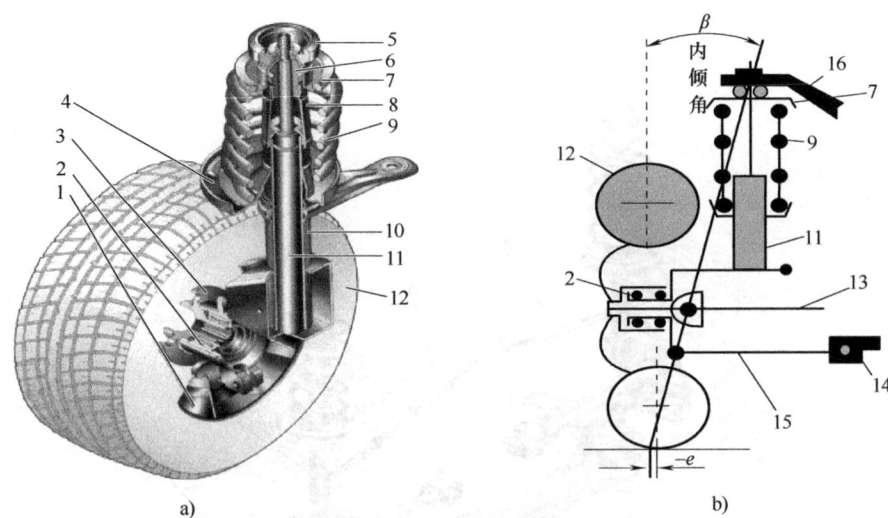

图 4-90 螺旋弹簧前悬架
a) 组成 b) 示意图

1—挡泥板 2—双列圆锥滚子轴承 3—前轮轮毂 4—下弹簧座 5—前悬架上支承 6—缓冲限位块
7—上弹簧座 8—橡胶护套 9—前螺旋弹簧 10—前悬架支柱焊接总成 11—前减振器 12—车轮
13—半轴 14—前托架 15—下摆臂 16—车身

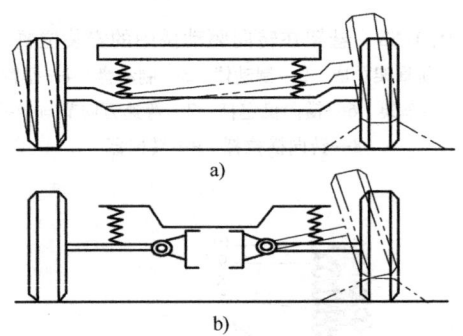

图 4-91 悬架种类
a) 非独立悬架 b) 独立悬架

非独立悬架又分为螺旋弹簧式非独立悬架和钢板弹簧式非独立悬架，如图 4-92 和图 4-93 所示。

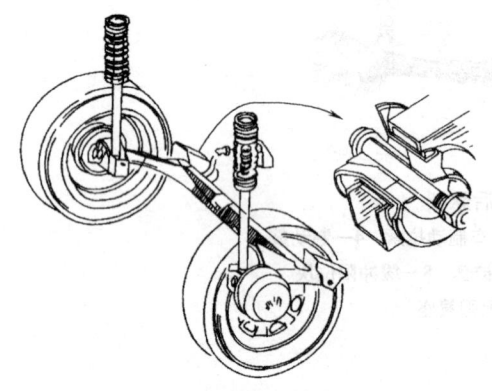

图 4-92 螺旋弹簧式非独立悬架

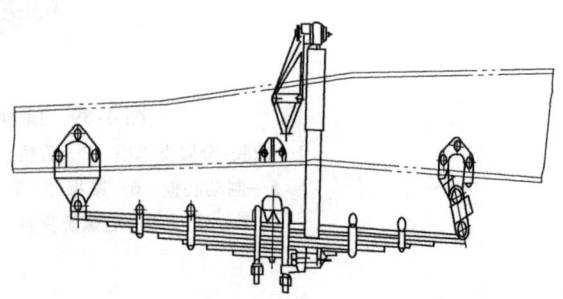

图 4-93 钢板弹簧式非独立悬架

独立悬架又分为横臂式独立悬架、纵臂式独立悬架、烛式独立悬架和麦弗逊式独立悬架，如图 4-94 所示。

3. 悬架故障

悬架故障有非独立悬架的钢板弹簧故障、独立悬架总成的综合故障和减振器故障三种。悬架故障现象及原因见表 4-10。

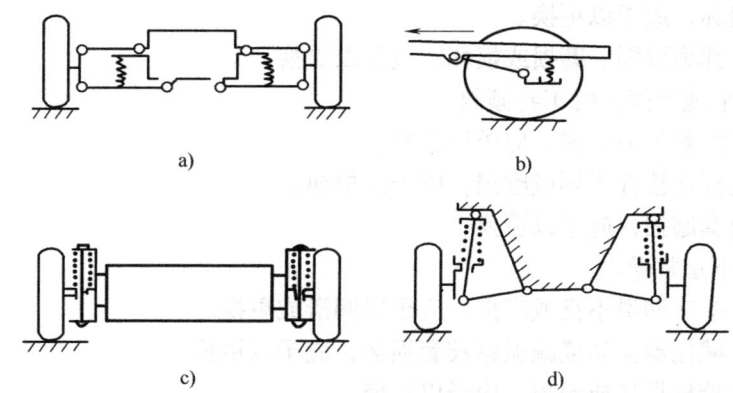

图 4-94 独立悬架

a）横臂式独立悬架　b）纵臂式独立悬架　c）烛式独立悬架　d）麦弗逊式独立悬架

表 4-10 悬架故障现象及原因

故　障	现　　象	原　因
非独立悬架钢板弹簧故障	1）车身倾斜 2）行驶跑偏 3）汽车行驶摆振 4）异响 5）车辆移位倾斜	1）钢板弹簧折断衬套和吊耳磨损严重 2）钢板弹簧弹力过小或刚度不一致 3）钢板弹簧销磨损严重 4）U 形螺栓松动或折断
独立悬架总成综合故障	1）异响，尤其在不平路面上转弯时 2）车身倾斜，汽车在转弯时车身过度倾斜等 3）前轮定位参数改变 4）轮胎异常磨损 5）车辆摆振及行驶不稳	1）螺旋弹簧弹力不足 2）稳定杆变形 3）上、下摆臂变形 4）各铰接点磨损、松旷 当汽车产生上述现象时，应对悬架系统进行仔细的检查，即可发现故障部位及原因
减振器的常见故障	1）衬套磨损和泄漏 2）衬套磨损后，因松旷易产生响声 减振器轻微的油液泄漏是允许的，但泄漏过多则会使减振器失去减振作用	

4. 悬架的失效形式及处理方法

（1）车身侧倾过大

1）横向稳定杆弹力减弱，或连接杆损坏，应更换稳定杆或连接杆。

2）横向稳定杆或下悬架臂磨损及损坏，应予以更换。

3）减振器损坏，应予以更换。

(2) 乘坐不舒适（太软或太硬）

1）轮胎尺寸或帘布层数不符合规定，应更换合乎规定型号的轮胎。

2）轮胎充气压力不正确，应调整气压至规定范围。

3）减振器损坏，应予以更换。

4）弹性元件弹力减弱、磨损或损坏，应予以更换。

(3) 汽车在平地上停放时车身倾斜

1）一侧悬架弹簧弹力减弱，应予以更换。

2）横向稳定杆连接杆损坏或磨损，应予以更换。

3）悬架臂衬套磨损，应予以更换。

(4) 悬架有不正常噪声

1）悬架臂球头节润滑不良或磨损，应予以润滑或更换。

2）减振器、减振器支架或减振器胶套损坏，应予以更换。

3）稳定杆连接杆损坏或磨损，应予以更换。

4）悬架连接有松动处，应重新拧紧。

5）悬架臂衬套磨损，应予以更换。

(5) 行驶不稳定

1）弹性元件弹性减弱，应予以更换。

2）减振器损坏，应予以更换。

3）稳定杆弹力下降、损坏或稳定杆连接杆磨损，应更换相应的零件。

4）悬架臂衬套磨损，应予以更换。

5）悬架臂球头节磨损，应予以更换。

6）转向系统故障，应予以检修。

7）车轮定位不当，应重新调整。

8）车轮损坏或不平衡，应更换新车轮或重新平衡。

任务实施

教学活动　用经验法对桑塔纳 2000 轿车前悬架进行基本检查

1. 检测工具、仪表准备

桑塔纳 2000 汽车一辆、举升机、普通工具。

2. 操作步骤

桑塔纳 2000 轿车前悬架如图 4-95 所示，它属于由双向作用筒式减振器、螺旋弹簧、前悬架支柱焊接件总成、缓冲垫和橡胶防尘罩等组成的麦弗逊式独立悬架。其特点是筒式减振器作为悬架杆系的一部分兼起主销作用，支柱在作为主销的圆筒内上下移动，减振器支柱座与车身相连。

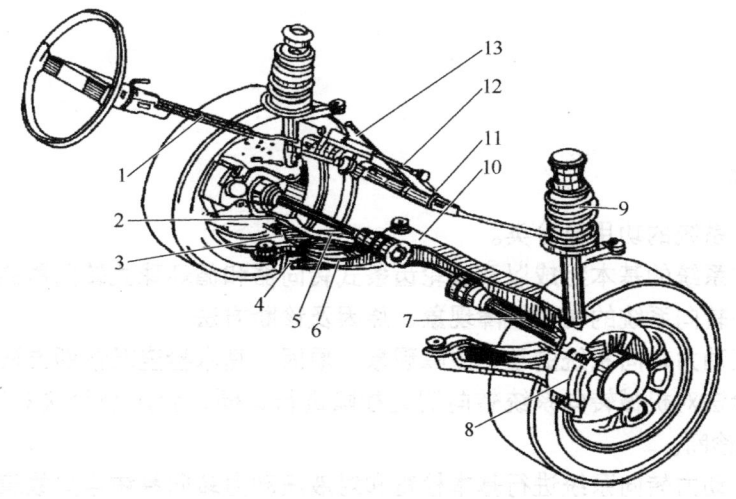

图 4-95　桑塔纳 2000 轿车前悬架
1—安全转向柱　2—车轮与下摆臂的连接螺栓　3—下摆臂
4—下摆臂橡胶轴承　5—横向稳定器　6—副车架
7—传动轴　8—前轮制动钳　9—减振器支柱
10—副车架前橡胶支承　11—动力转向装置
12—转向减振器　13—转向横拉杆

（1）车辆升起前检查

1）目视观察车辆是否倾斜。如果车辆倾斜，则还需检查轮胎气压、左右车轮的尺寸以及车辆承载是否均匀。

2）检查减振器减振力，即在车前、后通过上下晃动车身确定减振器的减振力大小，并且检查车身停止晃动的时间长短。

3）用手按压车体并立即放开，观察车体回跳次数，标准不得超过两次。若超过两次，则断定减振器损坏。

（2）车辆升起后检查

1）检查减振器是否有凹痕、是否漏油，防尘套是否有裂纹或损坏。

2）检查螺旋弹簧是否损坏。

3）检查悬架的其他部位，如摆臂、稳定杆和推力杆等是否损坏。

4）检查连接情况，即通过用手晃动悬架的主要元件，检查是否磨损或松动。

3. 验收诊断标准

1）车辆行驶过程中如果减振器发出异常的响声，则说明该减振器已损坏，必须予以更换。

2）漏油的减振器不再使用。

3）汽车行驶一定时间，用手触摸减振器，减振器应发热，否则说明减振器损坏。

任务五　汽车转向系统的检查

任务目标

1. 了解转向系统的功用及分类。
2. 掌握转向系统的基本组成以及齿轮齿条式转向器和循环球式转向器的构造特点。
3. 掌握机械转向系统的常见故障现象、原因及诊断方法。
4. 掌握液压动力转向系统的常见故障现象、原因、基本检查及诊断方法。
5. 会用经验法对机械转向系统转向沉重故障进行诊断，会用经验法对机械转向系统自动跑偏故障进行诊断。
6. 会对液压动力转向系统进行基本检查和对液压动力转向系统常见故障进行诊断。

任务描述

汽车长期使用之后，汽车转向系统技术状况逐渐下降，严重时汽车行驶时出现转向沉重、低速摆头、高速摆头和行驶跑偏等现象，严重影响行驶安全。

汽车转向系统出现故障后，不仅要检查转向操纵机构、转向器和转向传动机构的技术状况，更重要的是检查它们之间的连接情况。检查转向操纵机构、转向器和转向传动机构的技术状况以及它们之间的连接情况有利于查找出转向系统技术状况下降的具体原因。

知识储备

1. 转向系统的作用

转向系统的主要作用是按照驾驶人的意愿改变汽车的行驶方向和保持汽车稳定的直线行驶。

2. 转向系统的基本组成

汽车转向系统由转向操纵机构、转向器和转向传动机构三大部分组成，其具体组成如图4-96所示。

3. 齿轮齿条式转向机构

现代汽车最常用的转向机构为齿轮齿条式转向机构，齿轮齿条式转向机构分为没有助力装置的机械转向机构和机械液压助力转向机构。

没有助力装置的机械转向机构和机械液压助力转向机构如图4-97和图4-98所示。

4. 机械转向系统的检查与故障诊断

机械转向系统常见故障及诊断方法见表4-11。

单元四　汽车底盘附件及各系统元件的检查、调整与更换

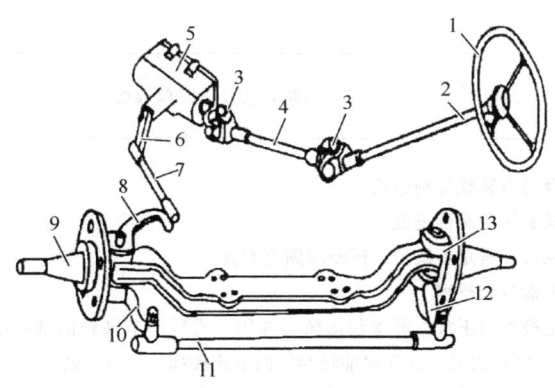

图 4-96　机械转向系统的具体组成示意图
1—转向盘　2—转向轴　3—转向万向节　4—转向传动轴
5—转向器　6—转向摇臂　7—转向直拉杆　8—转向节臂
9—左转向节　10—左转向梯形臂　11—转向横拉杆
12—右转向梯形臂　13—右转向节

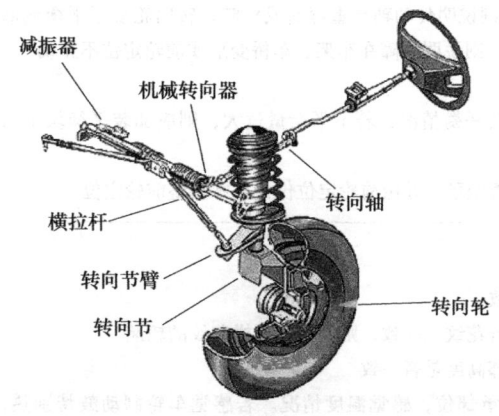

图 4-97　没有助力装置的机械转向机构

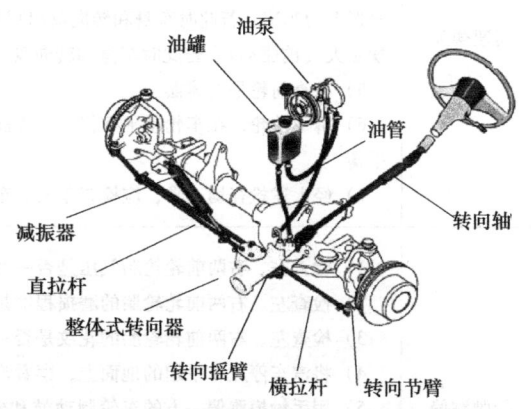

图 4-98　机械液压助力转向机构

表 4-11　机械转向系统常见故障及诊断方法

机械转向系统故障	诊断方法及诊断验收标准
转向沉重	采用分段式检查步骤 1）顶起前桥，转动转向盘，检查是否沉重 2）若转向感觉沉重，则说明故障在转向器或转向传动机构，可进一步拆下转向摇臂与直拉杆的连接，检查是否沉重 3）拆下转向摇臂后，检查是否沉重 4）检查车桥、车架或下控制臂（独立悬架式）与转向节臂，看其有无变形，如果发现变形，则应予以修整或更换 5）检查前弹簧（板簧或螺旋弹簧），看其是否折断，否则应予以更换

145

（续）

机械转向系统故障	诊断方法及诊断验收标准
低速摆头	1）检查车辆是否装载货物超长 2）检查后轮胎气压是否过低 3）检查前悬架弹簧是否错位、折断或固定不良 4）检查转向盘自由行程 5）通过以上检查均正常，可支起前桥，并用手沿转向节轴轴向推拉前轮，凭感觉判断是否松旷。若有松旷感觉，则可由另一人观察前轴与转向节连接部位。若此处松旷，则说明转向节主销与衬套的配合间隙过大或前轴主销孔与主销配合间隙过大，应更换主销及衬套。若此处不松旷，则说明前轮毂轴承松旷，应重新调整轴承的预紧度
高速摆头	1）检查减振器是否失效，若漏油或失效，则应予以更换 2）检查左、右悬架弹簧是否折断以及刚度是否一致，若有折断或弹力减弱，则应予以更换 3）检查悬架弹簧是否固定可靠，转向传动机构有无运动干涉等，若有，则应予以排除 4）支起驱动桥，用三角木塞住非驱动轮，起动发动机并逐步使汽车换入高速档，使驱动轮达到车身摆振的车速。若此时车身和转向盘出现抖动，则说明传动轴严重弯曲或松旷，转向轮动不平衡或偏摆量大（前驱动）。若此时车身和转向盘不抖动，则说明故障在车架、车桥变形或前轮定位不正确 5）检查前轮是否偏摆 6）拆下前轮，在车轮动平衡仪上检查前轮的动平衡情况，若不平衡量过大，则应加装平衡块予以平衡 7）经上述检查均正常，应检查车架、车桥是否变形，并用前轮定位仪检查并调整前轮定位
行驶跑偏	1）检查左、右两前轮轮胎气压是否一致 2）检查左、右两前轮轮胎的磨损程度是否一致 3）检查左、右两前轮轮胎的花纹是否一致，若花纹不一致，则应更换同样花纹的轮胎 4）将汽车停放在平坦的地面上，察看汽车前部高度是否一致 5）用手触摸跑偏一方的车轮制动鼓和轮毂轴承部位，感觉温度情况。若感觉车轮制动鼓特别热，则说明该轮制动器间隙过小或制动回位不彻底，应进行检查和调整。若感觉轮毂特别热，则说明该轮轴承过紧，应重新调整轴承预紧度 6）测量前、后桥左右两端中心的距离是否相等 7）用前轮定位仪检查前轮定位是否正确

5. 液压助力转向机构的检查

（1）转向油泵皮带张紧力的检查

1）汽车停在干燥路面上，运转发动机使油液上升到正常温度，左右转动转向盘，此时驱动带负荷最大，如果驱动带打滑，则说明驱动带张紧度不够或油泵内有机械损伤。

2）关闭发动机，用手以约100N的力从驱动带的中间位置按下，驱动带应有约10mm的挠度为合适，否则必须予以调整。

（2）液压助力转向机构的各项性能检查

1）液压助力转向机构密封性的检查。转向系统密封性的检查应在热车时进行，常见泄漏点如图4-99所示。

① 将转向盘快速向左、右两侧转至极限位置（注意在极限位置停留不得超过5s），并保持不动。目测检查转向控制阀、齿条密封（松开波纹管软管夹箍，再将波纹管推至一旁）、叶轮泵、油管接头是否有漏油现象，如果有渗漏，则应更换密封件。

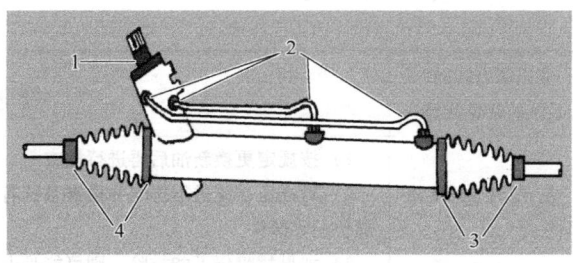

图 4-99 齿轮齿条式动力转向器的常见泄漏点
1—小齿轮轴油封　2—油管接头　3、4—防尘套及卡箍

② 如果发现储油罐中缺少 ATF 时，应检查转向系统的密封性是否完好。当转向器主动齿轮不密封时，必须更换阀体中的密封环和中间盖板上的圆形绳环。

③ 如果转向器罩壳中的齿轮齿条密封件不密封，则 ATF 可能流入波纹管套内。此时，应拆开转向机构，更换所有密封环。

如果油管接头漏油，则应查找原因并重新接好。

2）液压动力转向系统的转向盘回位检查。检查时，一边行驶一边察看下列各项：

① 缓慢或迅速转动转向盘，检查两种情况下的转向盘操纵力有无明显的差别，并检查转向盘能否回到中间位置。

② 使汽车以约 3.5km/h 的速度行驶，将转向盘顺时针或逆时针转动 90°，然后放开手 1~2s，如果转向盘能自动回转 70°以上，则说明工作正常，否则应查明故障原因并予以排除。

6. 液压动力转向系统的常见故障

液压动力转向系统的常见故障及诊断方法见表 4-12。

表 4-12　液压动力转向系统的常见故障及诊断方法

液压动力转向系统的常见故障	诊断方法及诊断验收标准
转向沉重	1）检查传动带的松紧度，若传动带过松，则应予以调整 2）检查转向油泵驱动带有无打滑现象，发现问题后应按规定更换性能不良的部件 3）检查转向油罐内的油液质量和液面高度，若油液变质，则应重新更换规定油液。若只是液面低于规定高度，则应加油使油面达到规定位置 4）检查转向油罐内的滤清器 5）检查油路中是否渗入空气 6）检查各油管接头等处有无泄漏，油路中是否有堵塞，查明故障后按规定力矩拧紧有关接头或清除污物 7）对转向油泵进行输出油压检查，如果油泵输出压力不足，则说明油泵有故障
异响	1）当转向盘处于极限位置或原地缓慢转动转向盘时转向器发出"嘶嘶"声，如果这种异响严重，则可能为转向控制阀性能不良，应更换转向控制阀 2）当转向油泵发出"嘶嘶"声或尖叫声时 ① 检查油罐液面高度。 ② 检查转向油泵驱动带是否打滑 ③ 看油液中有无泡沫，若有泡沫，则应查漏气部位并予以修理，然后排除空气。若无漏气，则说明油路有堵塞处或油泵严重磨损及损坏，应予以修复或更换

（续）

液压动力转向系统的常见故障	诊断方法及诊断验收标准
左右转向轻重不同	1）按规定更换新油后再进行检查 2）对液压系统进行排气并检查系统有无油液泄漏，当液压系统中出现泄漏时，应更换泄漏部位的零部件 3）如果故障仍不能排除，则可能是由于控制阀定中不良造成的
直线行驶转向盘发飘、跑偏	1）首先检查油液是否脏污 2）对于使用较久的车辆，则可能是流量控制阀或转向控制阀回位弹簧失效所致 可在不起动发动机的情况下转动转向盘，凭手感判断控制阀是否开启运动自如，若有怀疑，则一般应进行拆卸检查

任务实施

教学活动1　用经验法对转向系统进行检查

1. 检查用工具、设备准备

整车一辆、普通工具、抹布。

2. 检查步骤

以桑塔纳2000为例：

（1）检查转向油罐的油平面和油液质量

1）热车时使发动机怠速，转动转向盘，检查转向油罐液面高度。

2）检查油液是否有起泡或乳化现象。

（2）清洁转向器及转向油泵外部　清洁并检查是否有漏油痕迹。

（3）检查各连接油管、接头　检查油管是否漏油，接头连接是否牢固可靠。

（4）检查转向油泵传动带的松紧度　如图4-100所示，松开转向油泵装配支架上的两个螺母，转动调整螺栓，当带中部的挠度为9~10mm时，再将两个螺母锁止。

（5）转向器齿轮齿条的间隙调整　通过图4-101中箭头所指的调节螺钉进行调整。

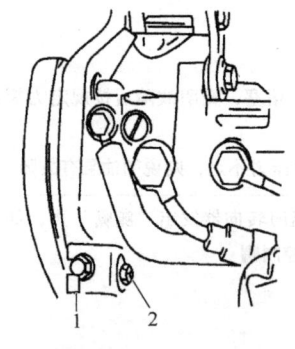

图4-100　转向油泵传动带张力的调整

1—调整螺栓　2—锁紧螺母

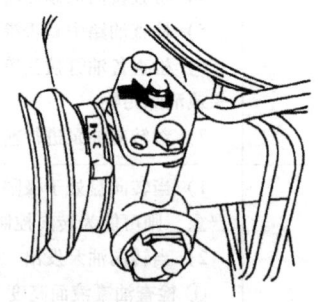

图4-101　齿轮齿条间隙的调整

单元四　汽车底盘附件及各系统元件的检查、调整与更换

教学活动 2　用经验法对机械转向系统转向沉重故障进行检测

1. 检测仪器设备准备

机械转向系统转向沉重故障汽车一辆、通用工具一套。

2. 故障现象

汽车在行驶中，转动转向盘感到沉重费力；低速转弯时，甚至转不动转向盘。

3. 检测步骤

1）顶起前桥，转动转向盘，检查是否沉重。

① 若转向盘变轻，则说明故障在前桥、车轮或其他部位，检查轮胎气压是否偏低。

② 若转向仍感沉重，则说明故障在转向器或转向传动机构，可拆下转向摇臂与直拉杆的连接，检查是否沉重。若转向变轻，则说明故障在转向传动机构，应检查各球头销是否装配过紧或推力轴承是否缺油损坏、各拉杆是否弯曲变形等，可用手扳动两个车轮左右转动，查看各传动部分，并转动车轮检查车轮轴承松紧度。

2）拆下转向摇臂后，检查是否沉重。若转向仍沉重，则说明转向器本身有故障，可检查转向器是否缺油，转动转向盘倾听有无转向轴与柱管的碰擦声，检查并调整转向器主动轴上、下轴承的预紧度和啮合间隙以及转向摇臂轴转动是否发卡等。

教学活动 3　用经验法对机械转向系统自动跑偏故障进行诊断

1. 检测仪器设备准备

机械转向系统自动跑偏故障汽车一辆、通用工具一套。

2. 故障现象

汽车行驶中，发现转向盘向右打很轻，而且前轮有自动向右偏转趋势，要想保持汽车直线行驶，手必须用力握住转向盘才行，当转向盘向右打到底时，车轮不能自动回位，必须将转向盘用力向左打，才能使车轮回正。

3. 诊断步骤

1）检查转向器，经调整后仍不见效。

2）检查前轮定位，重新调整了前束，也无效果。

3）对转向传动机构所有部位都进行了彻底检查，才发现是转向直拉杆有弯曲变形。

4. 故障分析

直拉杆弯曲后，直拉杆变短，直拉杆、转向节臂和转向垂臂之间的几何位置和传动关系发生变化。

直拉杆变短，在前轮处于直线行驶位置时，通过转向垂臂和转向器产生一种附加力强拉转向盘向右转动，导致汽车向右偏转。为保证汽车直线行驶，就必须用手握紧转向盘克服这个附加力。

由于传动机构传动关系失调，传动机构对车轮的自动回位就起了阻力作用，因而车轮向右转后，失去自动回位能力而影响其操纵性能。当更换了新件之后，故障消失。

拓展与提高

用简易转向盘自由行程检测仪检测转向盘自由行程

1. 检测仪器设备准备

简易转向盘自由行程检测仪（图4-102）一套、汽车一辆、通用工具一套。

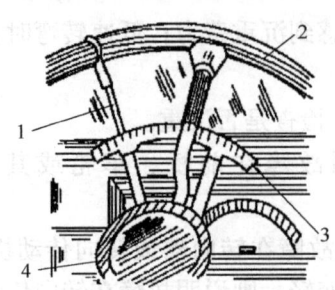

图4-102 检测仪的安装
1—指针 2—转向盘 3—刻度盘 4—转向盘轴管

2. 检测步骤

1) 将刻度盘和指针分别固定在转向盘轴管和转向盘边缘上。
2) 使汽车的两转向轮处于直线行驶位置不动。
3) 轻轻向左（或向右）转动转向盘至空行程一侧的极端位置。
4) 调整指针指向刻度盘零度。
5) 轻轻转动转向盘至另一侧空行程极端位置。
6) 从刻度盘上读取数值。

3. 诊断验收标准

根据GB 7258—2012《机动车运行安全技术条件》的规定，最高设计车速不小于100km/h的机动车的转向盘的最大自由转动量不允许大于15°，三轮汽车不允许大于35°，其他机动车不允许大于25°。

4. 检测结果分析

转向盘自由转动量过大的故障原因如下：
1) 转向器的齿轮啮合间隙调整不当。
2) 转向器安装螺栓松旷。
3) 转向器齿轮磨损。
4) 转向轴万向节磨损。
5) 横拉杆连接处磨损等。

5. 提示

1) 检查转向拉杆球头销处的松旷情况，视需要进行调整。
2) 检查转向器的安装情况，视需要进行紧固。
3) 用支架将转向桥支离地面，转动转向盘时观察转向拉杆（对于齿轮齿条式转向器，则观察横拉杆）的移动情况。

如果需较大的转向行程转向拉杆才移动，则为转向器内部磨损或调整不当。

如果转向拉杆移动正常但车轮开始偏转时刻较晚，则为转向拉杆球头销磨损松旷。

用转向参数测量仪检测转向盘自由行程和转向力

1. 检测仪器设备准备

ZC-2 型转向参数测量仪（图 4-103）一件、汽车一辆、通用工具一套。

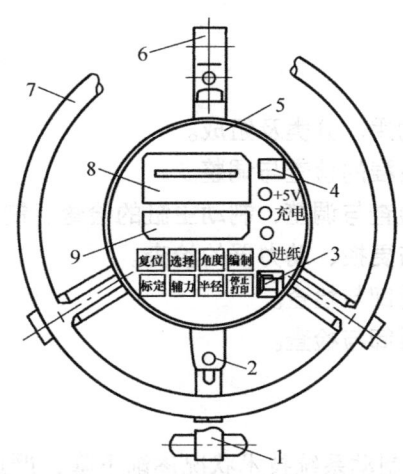

图 4-103　ZC-2 型转向参数测量仪
1—定位杆　2—固定螺钉　3—电源开关　4—电压表　5—主机箱
6—连接叉　7—操纵盘　8—打印机　9—显示器

2. 检测步骤

1）将转向参数测量仪对准被测转向盘中心。
2）调整好三个连接叉上伸缩卡爪的长度，与转向盘连接并固定好。
3）将磁力座吸附在驾驶室内的仪表板上。
4）汽车按规定的时速由直线行驶经螺旋线进入 24m 的转向半径弯道行驶，5s 内完成。
5）操作测试仪并从检测仪上读数或打印。

3. 诊断标准

根据 GB 7258—2012《机动车安全技术条件》的规定，机动车在平坦、硬实、干燥和清洁的水泥或沥青道路上行驶，以 10km/h 的速度在 5s 之内沿螺旋线从直线行驶过渡到外圆直径为 25m 的车辆通道圆行驶，施加于转向盘外缘的最大切向力应不大于 245N。

4. 检测结果分析

转向沉重的原因如下：
1）前轮定位失准。
2）转向相关的运动副润滑不良。
3）轮胎气压不足。
4）齿条和小齿轮啮合间隙过小。
5）转向轴的轴承过紧或损坏。
6）转向拉杆的球头销与球头座配合过紧。

7) 转向轴万向节十字轴配合过紧。
8) 前稳定杆变形等。

任务六　汽车制动系统的检查

任务目标

1. 了解汽车制动系统的功用、分类及组成。
2. 会进行制动踏板自由行程的检查与调整。
3. 会进行驻车制动器的检查与调整、制动主缸的检查、制动软管与油管的检查。
4. 会进行制动液的检查与更换、助力器的检查。
5. 会进行盘式制动器的拆卸与检查。
6. 会进行鼓式制动器的拆卸与检查。

任务描述

汽车长期使用之后，汽车制动系统技术状况逐渐下降，严重时会出现制动不灵、制动失效、制动跑偏和制动拖滞等现象，严重影响行驶安全。

汽车制动系统出现故障后，不仅要检查制动操纵机构、制动器、制动管路和助力器等零部件的技术状况，更重要的是检查它们之间的连接情况。检查制动操纵机构、制动器、制动管路和助力器等零部件的技术状况以及它们之间的连接情况有利于查找出汽车制动系统技术状况下降的具体原因，确保行车安全。

知识储备

1. 汽车制动系统的功用

汽车制动系统的功能是：按照需要使汽车减速或在最短的距离内停车；下坡行驶时限制车速；保证汽车停放可靠，不致自动滑溜。

汽车制动系统一般包括两套独立的制动装置：一套是行车制动装置，用于汽车行驶时减速或停车，其制动器装在车轮上，通常由驾驶人用脚操纵，称为车轮制动装置或行车制动装置；另一套是驻车制动装置，用于使停驶的汽车驻留原地不动，通常由驾驶人用手操纵，称为驻车制动装置。它们都由制动器和制动传动机构组成。

2. 制动系统的组成

图 4-104 所示为制动系统的组成。制动系统一般都具有以下四个基本组成部分：

（1）供能装置　供能装置包括供给、调节制动所需能量以及改善传动介质状态的各种部件。其中产生制动能量的部分称为制动能源。人的肌体也可作为制动能源。

（2）控制装置　控制装置是指产生制动动作和控制制动效果的各种部件，如制动踏板。

（3）传动装置　传动装置包括将制动能量传输到制动器的各个部件，如真空助力器、制动主缸和制动轮缸。

（4）制动器　制动器是指产生阻碍车辆运动或运动趋势力的部件，其中也包括辅助制动系统中的缓速装置。

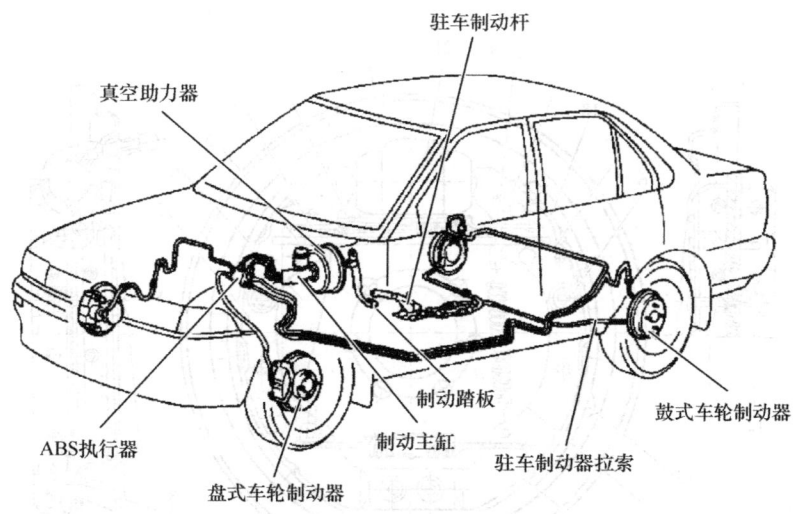

图 4-104 制动系统的组成

3. 制动器的功用、原理和结构

车轮制动器分为鼓式和盘式两大类。前者的摩擦副中的旋转元件为制动鼓，其工作表面为圆柱面；后者的旋转元件则为圆盘状的制动盘，以端面为工作表面。

（1）鼓式制动器 鼓式制动器有内张型和外束型两种。前者的制动鼓以内圆柱面为工作表面，在汽车上应用广泛；后者的制动鼓的工作表面则是外圆柱面，目前只在极少数汽车上用作驻车制动器。内张型鼓式制动器都采用带摩擦片的制动蹄作为固定元件。位于制动鼓内部的制动蹄在一端承受促动力时，可绕另一端的支点向外旋转，从而压靠到制动鼓的内圆面上产生摩擦转矩（制动转矩）。凡是对蹄端加力使蹄转动的装置称为制动蹄促动装置。

常用的制动器根据制动蹄促动装置的不同可分为轮缸式制动器和凸轮式制动器等。轮缸式制动器如图 4-105 所示。凸轮式制动器如图 4-106 所示。

（2）盘式制动器 盘式制动器根据其固定元件结构形式的不同可分为钳盘式制动器和全盘式制动器。钳盘式制动器越来越多地被各级轿车和货车用作车轮制动器。钳盘式制动器又分为定钳盘式制动器和浮钳盘式制动器。

1）定钳盘式制动器。定钳盘式制动器跨置在制动盘上的制动钳固定安装在车桥上，它既不能旋转，也不能沿制动盘轴线方向移动，其内的两个活塞分别位于制动盘的两侧，如图 4-107 所示。

2）浮钳盘式制动器。浮钳盘式制动器的制动钳体通过导向销与车桥相连，可以相对于制动盘轴向移动，制动钳体只在制动盘的内侧设置油缸，而外侧的制动块则附装在钳体上，如图 4-108 所示。

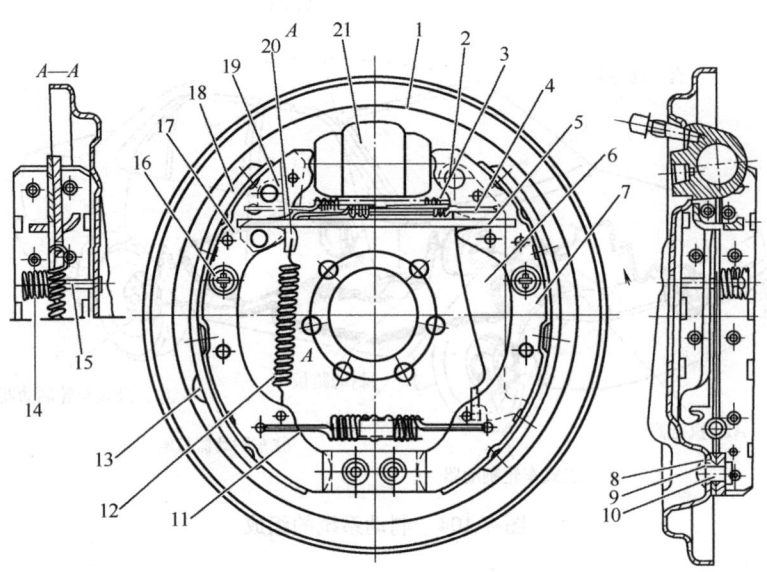

图 4-105 轮缸式制动器

1—制动底板 2—销轴 3、4、11、12—拉簧 5—压杆 6—制动杆 7—带杠杆装置的制动蹄总成
8—支架 9—止挡板 10—铆钉 13—检测孔 14—压簧 15—夹紧销 16—弹簧座
17—带斜楔装置的制动蹄总成 18—摩擦衬片 19—斜楔支撑 20—楔形块 21—制动轮缸

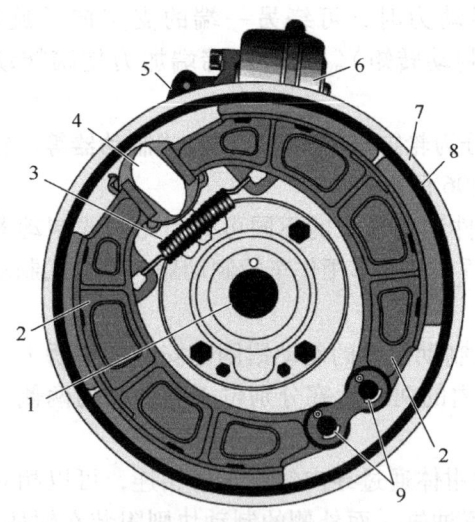

图 4-106 凸轮式制动器

1—转向节 2—制动蹄 3—回位弹簧 4—制动凸轮
5—制动调整臂 6—制动气室 7—制动底板
8—制动鼓 9—支承销

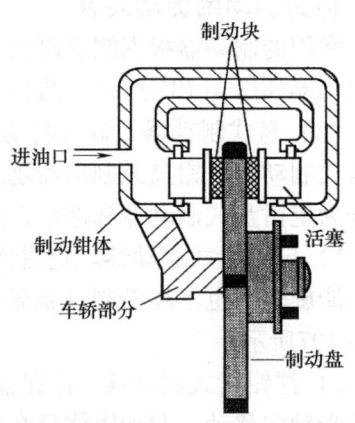

图 4-107 定钳盘式制动器

4. 液压式制动传动装置的工作原理

图 4-109 所示为桑塔纳轿车双管路真空助力式液压制动传动装置。真空助力器和制动主缸用螺钉固定在车身前围上，借助推杆与制动踏板连接。串联双腔制动主缸的前腔通向右前轮制轮器和左后轮制动器，主缸的后腔通向左前轮制动器和右后轮制动器。

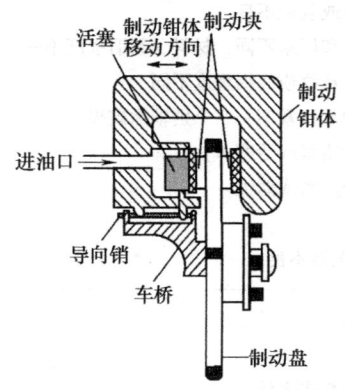

图 4-108 浮钳盘式制动器

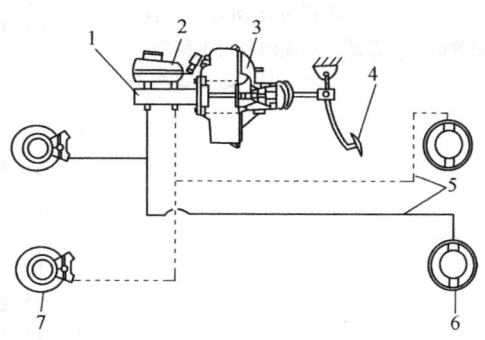

图 4-109 桑塔纳轿车双管路真空助力式
液压制动传动装置

1—制动主缸　2—储液罐　3—真空助力器
4—制动踏板　5—制动管路
6—后轮制动器（鼓式）　7—前轮制动器（盘式）

5. 液压制动系统的常见故障现象及原因

液压制动系统的常见故障现象及原因见表 4-13。

表 4-13　液压制动系统的常见故障现象及原因

故障名称	故 障 现 象	故 障 原 因
制动不灵	汽车制动时，踩一次制动踏板不能减速或停车，连续踩几次制动踏板，效果也不好 汽车紧急制动时，制动距离太长	1）制动踏板自由行程太大 2）制动主缸储液室内存油不足或无油 3）制动主缸、轮缸、管路或管接头漏油 4）制动液变质或管路内壁积垢严重 5）制动主缸的进油孔堵塞 6）制动主缸的出油阀损坏 7）制动管路内有空气 8）制动主缸、轮缸的活塞及缸筒磨损过度 9）制动主缸、轮缸的皮碗老化或磨损 10）制动盘或制动鼓变形，表面不平，接触不良 11）摩擦片表面硬化，有油，铆钉外露 12）真空助力器的各真空管路接头松动、脱落，管路有破裂处；膜片破裂或者密封圈密封不良；单向阀和控制阀密封不良

(续)

故障名称	故障现象	故障原因
制动跑偏	汽车行驶制动时，行驶方向自动向左或向右发生偏斜 紧急制动时，偏斜更严重	1) 左、右车轮制动蹄摩擦片与制动鼓（或制动盘）的间隙不等 2) 单边制动蹄摩擦片有油，烧结失效 3) 制动蹄回位弹簧衰损或装配不良 4) 左、右摩擦片的型号和厂家不同，材料、新旧程度不一 5) 左、右轮胎的气压、花纹或磨损程度不同 6) 左、右车轮的轮毂轴承松紧不一、个别轴承破损 7) 轮缸内有空气、油管堵塞或活塞卡住 8) 制动蹄与支承销配合过紧或锈蚀 9) 前轮定位不良 10) 悬架弹簧衰损或减振器不良
制动拖滞	汽车制动后，抬起制动踏板，全部或个别车轮的制动作用不能立即完全解除或解除缓慢，仍有制动作用，制动鼓发热	1) 制动踏板无自由行程 2) 制动踏板不能回位 3) 制动主缸回位弹簧折断或失效 4) 制动主缸补偿孔堵塞，密封圈发胀或发粘而与缸体卡死 5) 通往轮缸的油管凹瘪或堵塞 6) 轮缸密封圈发胀或发粘而与缸体卡死；造成活塞不能正常复位 7) 鼓式制动器的制动蹄回位弹簧折断或过软 8) 真空助力器的空气阀漏气

制动系统养护的主要项目有制动踏板自由行程的检查与调整、驻车制动器的检查与调整、制动主缸的检查、制动软管与油管检查、制动液的检查与更换、助力器的检查、盘式制动器的拆卸与检查。

任务实施

教学活动 1 检查制动踏板自由行程

1. 检查工具、设备准备

整车一辆、直尺、普通工具。

2. 检查步骤

制动踏板自由行程如图 4-110 所示。自由行程是为保证不发生制动拖滞、彻底解除制动而设置的。

（1）制动踏板自由行程的检查

1) 取一直尺立于制动踏板与驾驶室底板之间。

2) 用手向下按制动踏板至有阻力时，记下直尺读数。

3) 放松踏板，再看直尺读数，如图 4-111

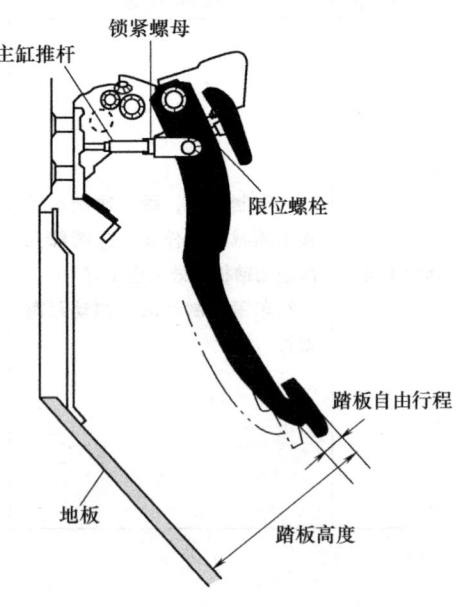

图 4-110 制动踏板自由行程和有效行程

所示。

4）两次读数之差即为踏板自由行程。

（2）制动踏板自由行程的调整　当自由行程不合适时，可松开踏板推杆的锁紧螺母，拧动推杆，通过改变其长度进行调整。调整完毕后，再拧紧锁紧螺母，如图 4-112 所示。

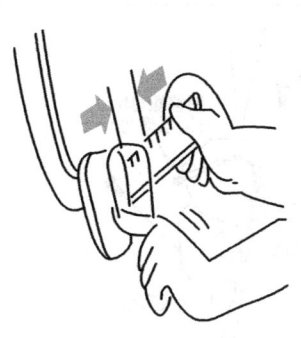

图 4-111　测量自由行程

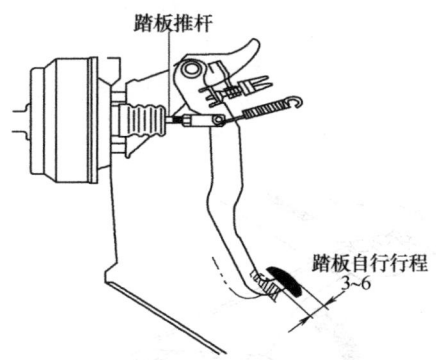

图 4-112　踏板推杆

教学活动 2　检查与调整驻车制动系统

1. 检查工具、设备准备

整车一辆、普通工具。

2. 检查、调整步骤

1）握住驻车制动杆，用 196N 的力拉起，如图 4-113 所示，应听到 4~7 响为正常。

2）检查左、右后车轮是否锁牢。

3）如果不符合技术要求，则应调节拉索，以获得规定的驻车制动行程。

4）在调节拉索之前，应确保制动系统内无残留空气，制动踏板行程恰当、后制动蹄磨损不超过极限范围。然后，通过拧松或拧紧驻车制动器螺母（图 4-114 中的 3），调整驻车制动杆行程。

教学活动 3　检查制动主缸、制动软管与油管、助力器的工作情况

1. 检查工具、设备准备

整车一辆、普通工具。

2. 检查、调整步骤

（1）制动主缸检查　如图 4-115 所示，检查制动主缸壳体是否有裂纹或制动主缸周围是否有制动液。如果有少量液滴，则表明存在泄漏。

（2）制动软管与油管检查　图 4-116 所示为制动软管与油管的检查部位。检查制动软管有无裂纹和外层磨损、是否泄漏。检查油管是否损坏、裂纹、变曲和腐蚀。

（3）助力器工作情况的检查

1）检查气密性。起动发动机，发动机运行 1~2min 后停止运转。用相同的制动力踩动制动踏板几次，并观察踏板行程。如果第一次踏板下沉很深，第二次和第三次踩下踏板时行程减小，则表示气密性良好。如果踏板行程不变，则表明气密性较差。

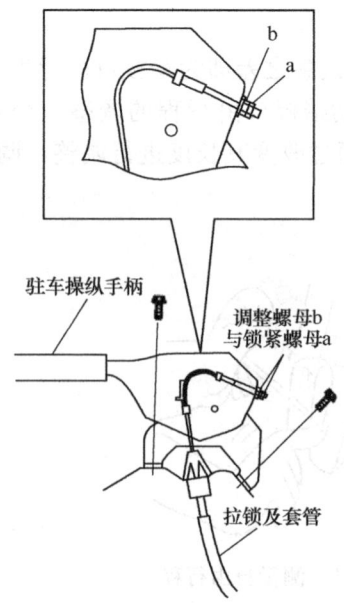

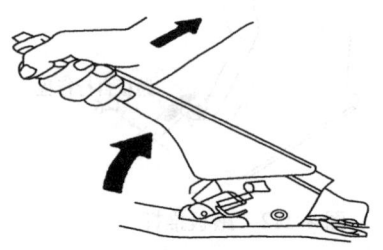

图 4-113　握住驻车制动杆、拉起驻车制动杆

图 4-114　调整驻车制动杆行程

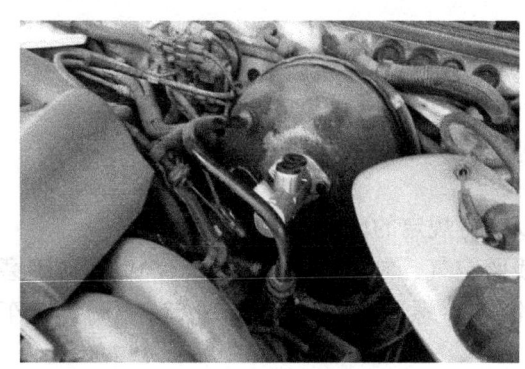

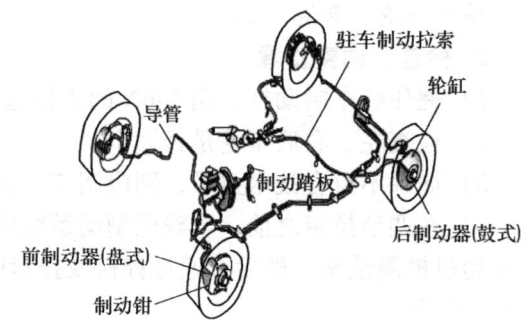

图 4-115　制动主缸的检查

图 4-116　制动软管与油管的检查部位

2）检查工作情况。

① 发动机停止运行后，用相同的力踩动制动踏板几次，确认踏板行程未改变。

② 起动发动机的同时踩制动踏板。如果踏板行程有少许增大，则表明操作良好。但是，如果踏板行程无变化，则表明有故障。

教学活动4　拆卸与检查盘式制动器

1. 检查工具、设备准备

整车一辆、普通工具、记号笔、直尺、螺旋测微器（千分尺）、百分表及表座。

2. 检查、调整步骤

盘式制动器的拆卸与检查（以卡罗拉1.6为例）。

1）拆卸前轮。

2）排净制动液。

3）拆下接头螺栓和衬垫，并从盘式制动器制动缸总成上分离前软管，如图4-117所示。

4）固定前盘式制动器制动缸滑销，并拆下固定螺栓和盘式制动器制动缸总成，如图4-118所示。

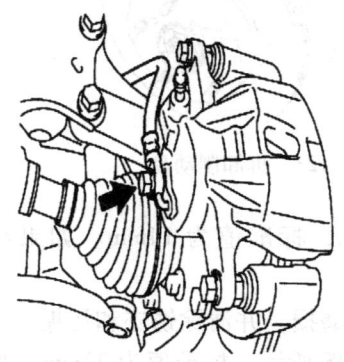

图4-117 拆卸与制动器相连的制动管

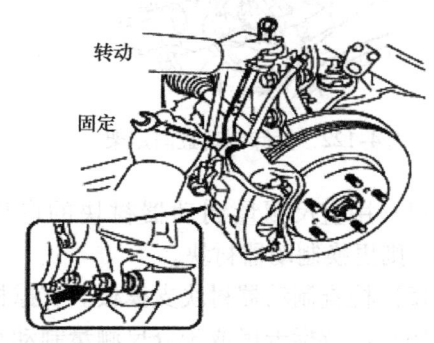

图4-118 拆下固定螺栓和盘式制动器制动缸总成

5）从制动缸固定架上拆下制动器衬块。

6）从制动衬块上拆下消声垫片。

7）从制动缸上拆下制动器衬块的支撑板，并在支撑板上做好识别标记，如图4-119所示。

8）拆卸制动缸滑销，如图4-120所示。

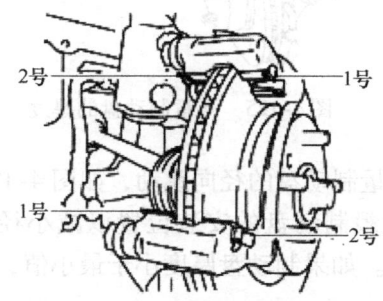

图4-119 拆下制动器衬块的支撑板，
并在支撑板上做好识别标记

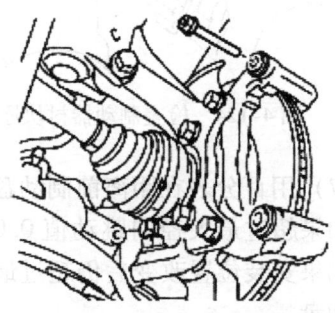

图4-120 拆卸制动缸滑销

9）用缠有胶带的螺钉旋具拆卸制动器制动缸滑套，如图4-121所示。

10）拆卸制动衬套防尘罩。

11）拆卸制动缸固定架，如图4-122所示。

12）在制动盘和轮毂上做好装配标记，然后拆下制动盘，如图4-123所示。

13）检查制动缸和活塞应无制动液泄漏现象。

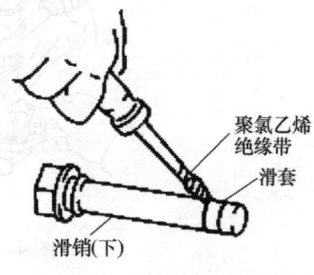

图4-121 用螺钉旋具拆卸
制动器制动缸滑套

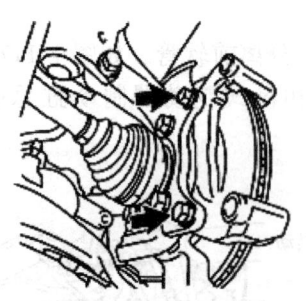

图 4-122　拆卸制动缸固定架

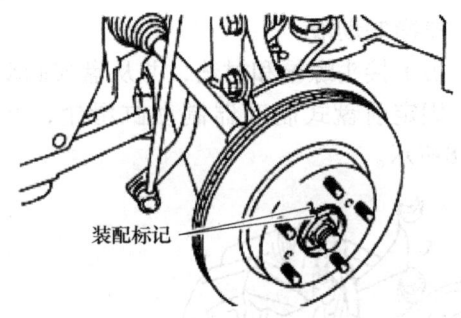

图 4-123　拆卸制动盘

14）用直尺测量制动器衬块的厚度，如图 4-124 所示，标准值为 14mm。如果小于 7mm，则更换制动器衬块。

15）检查制动器衬块支撑板。支撑板应无变形、裂纹或磨损，并清除锈迹和污垢。

16）用游标卡尺或千分尺测量制动盘的厚度，如图 4-125 所示，标准值为 22mm。如果小于 19mm，则应更换制动盘。

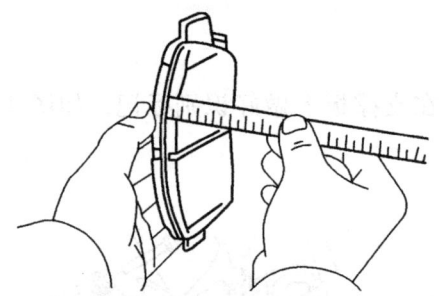

图 4-124　检查制动器衬块厚度

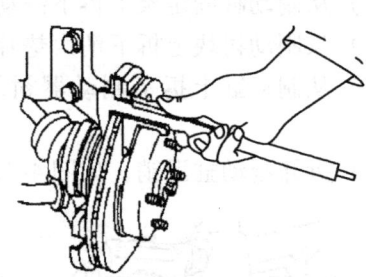

图 4-125　测量制动盘的厚度

17）用百分表在距离前制动盘外缘 10mm 的位置测量制动盘的径向跳动，如图 4-126 所示。如果超过最大径向跳动值 0.05mm，则改变车桥轮毂制动盘的安装位置以减小径向跳动。如果安装位置改变后仍超过最大值，则研磨制动盘。如果制动盘厚度小于最小值，则更换制动盘。

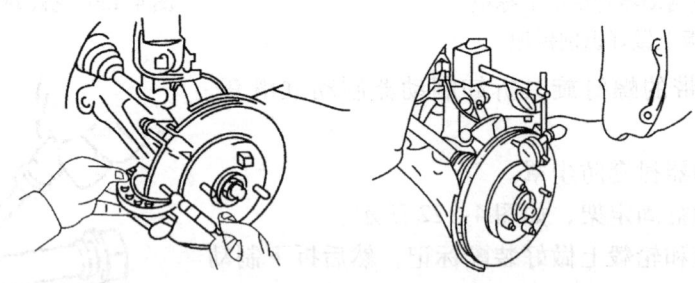

图 4-126　百分表在距离前制动盘外缘 10mm 的
位置测量制动盘的径向跳动

拓展与提高

鼓式制动器制动鼓的检修

鼓式制动器也是现代汽车最常用的车轮制动器之一，车轮制动主要是由制动鼓（图4-127）与摩擦片相互摩擦产生制动力而迫使车辆减速和停车，由于长期使用，使制动鼓磨损，造成制动鼓失圆、工作面出现沟槽等，而且在汽车制动时发生跑偏、响声或抖动现象。因此制动鼓的工作表面必须平整光滑地与摩擦片贴合，符合技术标准。

1. 用直观及敲击法检查制动鼓

用直观及敲击法检查制动鼓，应无裂纹，否则换用新件。用弓形内径规或百分表检测制动鼓的磨损和圆度误差，检测方法如图4-128所示，制动鼓内圆面的圆度误差不得大于0.125mm，并无明显的沟槽。

图4-127 制动鼓

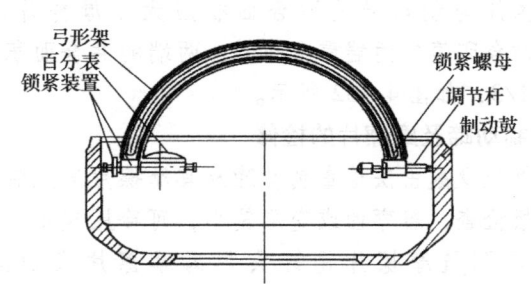

图4-128 弓形内径规或百分表检测制动鼓的磨损和圆度误差

2. 制动鼓内径尺寸的检查

同一轿车上左、右制动鼓的内径尺寸差应小于1mm，检查方法如图4-129所示。当制动鼓内径超过使用极限时，一律换用新件。

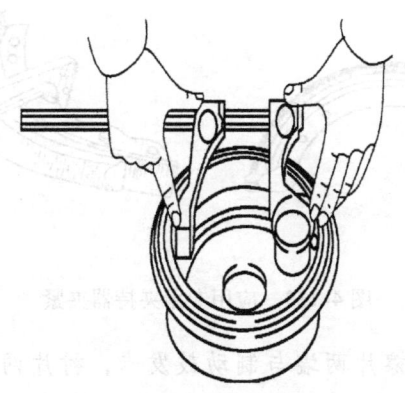

图4-129 制动鼓内径尺寸的检查

3. 制动摩擦片表面与制动鼓之间接触面的检查

用白色粉笔在制动鼓内侧均匀涂上一圈痕迹，用手压住制动蹄及摩擦片在制动鼓内转动一圈，如图4-130所示。如果摩擦片上的白色粉笔痕迹如图4-131中的右图呈现不规则状且痕迹面积较少，则说明制动鼓圆度误差不合格。

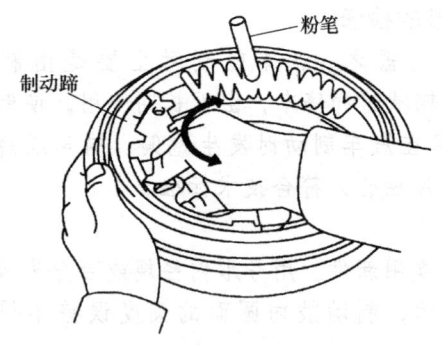

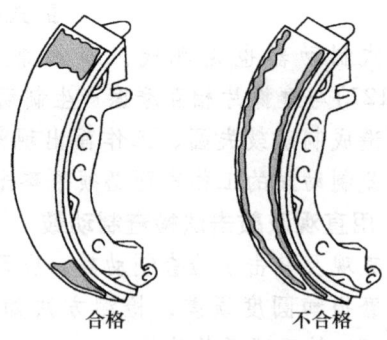

图4-130　制动摩擦片表面与制动鼓的接触面的检查

图4-131　制动鼓圆度误差不合格

摩擦片与制动鼓的贴合面积应大于摩擦片总面积的50%，贴合印痕应两端重中间轻，两端的贴合面积约占衬片总长的1/3，如图4-132所示。

4. 制动蹄及摩擦片的检修

用直观及敲击法检查制动蹄及其摩擦片应无裂纹，制动蹄按样板检查，若弯曲或变形较小，可冷压校正。用游标卡尺深度尺测量摩擦片铆钉头距离摩擦片表面应不小于0.80mm，衬片厚度应不小于9mm，否则换用新衬片或制动蹄总成。若摩擦片油污较轻，衬片只有少量磨损，则可用汽油清洗油污，清洗后必须加温烘干，然后用锉刀和粗砂布修磨平整，再与制动鼓表面试测贴合面积，需达到技术标准，允许继续使用。

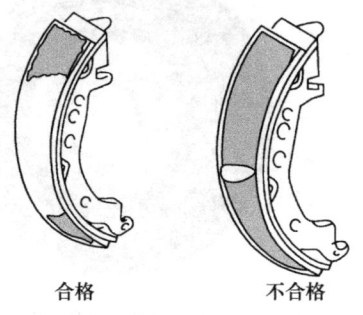

图4-132　符合标准的贴合印痕

新摩擦片的安装一般采用铆接法，铆接时应注意以下几点：

1）为避免使用中衬片折断和保持散热良好，应用专用夹持器夹紧，如图4-133所示。

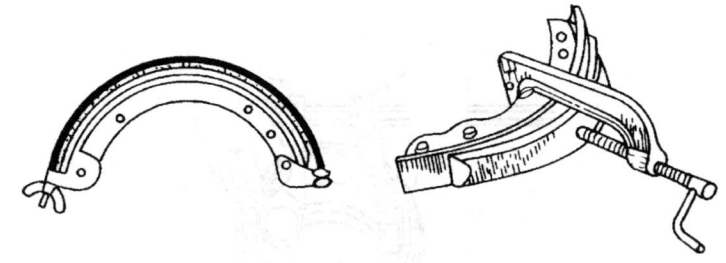

图4-133　应用专用夹持器夹紧

2）为防止车轮制动时摩擦片两端与制动鼓发卡，衬片两端头应锉成斜角，斜角一般为75°。

3）为使摩擦片与制动鼓能很好地贴合，必须对摩擦片表面进行加工，加工时要按制动鼓内表面尺寸进行，并用光磨机对衬片表面进行光磨。

4）摩擦片外表面上埋头坑的孔深一般为摩擦片总厚度的2/3。

5) 摩擦片铆接后与制动鼓的贴合面积应大于摩擦片总面积的50%，贴合印痕应两端重中间轻，两端的贴合面积约占衬片总长的1/3。

6) 铆接时，应从制动蹄中部的两端依次铆紧铆钉，铆钉不允许倾斜、松动。

教学活动5　诊断与排除制动不灵故障

1. 检测工具、仪器设备准备

在用汽车一辆、通用工具一套。

2. 故障现象

制动不灵。

3. 诊断步骤

1) 检查制动踏板自由行程。对桑塔纳轿车来说，其值应不大于45mm。若自由行程过大，则造成制动不灵。可松开制动主缸助力器推力杆上的螺母，通过旋动叉头来调整推力杆长度，从而调整踏板自由行程，而且保证踏板有效行程135mm，总行程不小于180mm。

制动踏板自由行程正常，进行下一步：

2) 用力踩制动踏板，踏板到底且无反力；连续几脚踩制动踏板都能踩到底，且感觉阻力很小。这种情况下应检查储液室中制动液液面高度是否符合要求，若液面低于下线或MIN线以下，说明制动液液面太低。（注：现在轿车储液罐液面过低，制动装置警告灯自动报警。）否则，应检查制动主缸、轮缸、管路及管接头是否漏油，有泄漏之处进行修理，若无泄漏，则加注规定型号的制动液。

3) 检查制动主缸与轮缸之间的剩余压力值，若低，则故障为制动主缸出油阀、回油阀不密封或回位弹簧预紧力太小所致。如果剩余压力正常，则检查制动主缸进油孔、补偿孔是否畅通。若不畅通，则为制动不灵原因。

若畅通，则进行以下试验：

4) 连续踩几次制动踏板，踏板高度仍过低，并且在第一脚制动后感到制动主缸活塞未回位，踩下制动踏板即有制动主缸与活塞碰击响声，则应检查主缸的活塞回位弹簧是否过软、主缸的皮碗是否破裂。

5) 连续踩几次制动踏板，踏板高度低而软，则应检查制动主缸的进油孔或储液室的通气孔是否堵塞。

6) 一脚踩下制动踏板时，踏板高度过低；连续几脚踩下制动踏板时，踏板高度稍有增高，并有弹性感。这种情况下应检查系统内是否存有气体。若有，则应进行放气，人工放气步骤如下：

① 将一根软管一端接到轮缸放气螺钉上，一头插入盛放制动液的容器中。制动系统的放气原则是先远后近，对桑塔纳轿车来说，顺序是右后车轮制动轮缸→左后车轮制动轮缸→右前车轮制动钳→左前车轮制动轮钳。

② 一人用力迅速踩下并缓慢放松制动踏板，如此反复数次后，踩下制动踏板，并保持一定高度使之不动。

③ 另一人拧松放气螺钉，管路中的空气随制动液顺着胶管排出制动系统，排出空气后再将放气螺钉拧紧。

④ 重复上述步骤多次，直到容器中的制动液里无气泡为止。

⑤ 取下胶管，套上防尘罩。
⑥ 观察储液罐制动液面高度，必要时添加制动液。

7）安装真空助力器的车辆，踩下制动踏板时，若踏板高度适当，但踏板太硬且制动不灵，则应检查助力器的工作情况；用适中的力踩制动踏板并使其停留在制动位置上，然后起动发动机，正常情况下制动踏板位置应该下降，否则说明真空助力器未起作用。如果真空助力器正常，则应检查制动系统油管是否有老化、凹瘪以及制动液黏度是否太大。

8）当踩下制动踏板时，踏板高度合适，也感到有力且不下沉，但制动效能不佳，应考虑制动器故障：摩擦片与制动鼓（或制动盘）间的间隙是否不当；摩擦片是否有硬化、油污以及铆钉外露现象；制动鼓（或制动盘）磨损及变形所致。

教学活动6　诊断与排除制动跑偏故障

1. 检测工具、仪器设备准备

在用汽车一辆、通用工具一套。

2. 故障现象

制动跑偏。

3. 诊断步骤

1）首先进行外观检查。检查左、右车轮的轮胎气压、花纹和磨损程度是否一致；检查各减振器是否漏油或失效；检查悬架弹簧是否折断或弹力是否一致。

2）支起车轮，用手转动和轴向推拉车轮轮胎。若一侧车轮有松旷或过紧感觉，则应重新调整轴承的预紧度；若转动车轮有发卡或异响，则应检查该车轮轮毂轴承是否破损或毁坏。

3）进行路试。进行减速制动后，若汽车向左侧跑偏，则说明右侧的车轮制动不良；反之，则说明左侧的车轮制动不良。再进行紧急制动，观察车轮在地面上的印迹。若同一轴两边车轮印迹不能同时发生，则其中印迹短的车轮为制动迟缓，印迹轻的为制动力不足。

4）对于制动力不足的车轮，应检查其制动管路有无碰瘪、漏油的现象。

5）若上述检查正常，则可对该车轮制动器进行放气。若无制动液喷出，则说明该轮制动管路堵塞，应予以更换。若放出的制动液中有空气，则说明该轮制动管路中混入空气，应予以排放。

6）以上检查正常，应检查该轮制动器，若制动器间隙过大，则说明制动蹄摩擦片磨损严重或制动自调装置失效，应予以更换。

7）上述检查正常，应拆检该轮制动器。检查制动盘或制动鼓是否磨损过度或有沟槽，若磨损过度，则应予以更换；检查制动蹄摩擦片（摩擦衬块）是否有油污或水湿及磨损过度，若摩擦片（衬片）有油污或水湿，则应查明原因并清理；若摩擦片磨损过度，则应予以更换；检查制动轮缸或制动钳活塞，若有漏油或发卡现象，则应予以更换。

若上述检查均正常，而故障仍在，则说明制动跑偏的故障原因不在制动系统，可能是由车身变形及其他系统引起的。

教学活动7　诊断与排除制动拖滞故障

1. 检测工具、仪器设备准备

在用汽车一辆、通用工具一套。

2. 故障现象

制动拖滞。

3. 诊断步骤

1）对汽车进行制动试验一段里程后,将汽车支起,在放松制动踏板的情况下用手转动车轮。若某一车轮转不动,则说明该轮制动器拖滞；若全部车轮转不动,则说明全部车轮制动器拖滞。

2）若故障在单个车轮制动器,则首先旋松该车轮制动轮缸的放气螺钉。若制动液急速喷出,随即车轮能旋转自如,则说明该车轮制动管路堵塞,轮缸未能回油,应予以更换。若车轮仍转不动,则拆下车轮,解体检查制动器,并调整摩擦片与制动鼓（或制动盘）之间的间隙。

3）若全部车轮制动器拖滞,则首先检查制动踏板自由行程。若符合要求,则再检查制动踏板的回位情况,用力将制动踏板踩到底并迅速抬起。若踏板回位缓慢,则说明制动踏板回位弹簧失效或踏板轴发卡,应进行更换或修复。

若上述正常,下一步进行制动主缸工作情况的检查。

4）打开制动液储液室盖,由一人连续踩制动踏板,另一人观察制动主缸的回油情况。若不回油,则说明制动主缸回油孔堵塞,应进行清洗、疏通；若回油缓慢,则说明制动液过脏或变质,应予以更换。

若以上正常,则进行车轮转动试验。

5）松开制动踏板,车轮悬空并转动。若各车轮转动阻力很大,则说明各车轮摩擦片与制动鼓（或制动盘）间隙过小或调整不当；若各车轮转动阻力较小,则对于使用真空助力器的制动系统,可将汽车变速器置于空档,发动机怠速运转,在不踩制动踏板的情况下再次转动车轮。若此时阻力增大,则说明制动拖滞的原因是真空助力器的空气阀漏气。

若上述检查调整均无效,则应检查轮缸活塞、皮碗、回位弹簧及制动蹄支撑销的活动情况。

　拓展与提高

用单轴反力式滚筒制动试验台检测制动性能

1. 检测仪器设备准备

单轴反力式滚筒制动试验台、在用车一辆。

2. 检测步骤

1）将制动试验台指示与控制装置上的电源开关打开,按使用说明书的要求预热至规定时间。

2）核实汽车各轴轴荷,不得超过制动试验台允许载荷。

3）检查并清除汽车轮胎上粘有的泥、水、砂、石等杂物。

4) 检查汽车轮胎气压是否符合规定，否则应充气至规定气压。

5) 对制动试验台指示装置进行校准。

6) 制动试验台滚筒表面应干燥，没有松散物质及油污，滚筒表面当量附着系数不应小于 0.75。

7) 升起制动试验台举升机。

8) 汽车被测车轴在轴重计或轮重仪上检测完轴荷后，应沿垂直于滚筒的方向驶入制动试验台。先前轴再后轴，使车轮处于两滚筒之间。

9) 汽车停稳后变速杆置于空档位置，行车制动器和驻车制动器处于完全放松状态。

10) 降下举升器，到举升机平板与轮胎完全脱离为止。

11) 如果制动试验台带有内置式轴重测量装置，则应在此时测量轴荷。

12) 起动滚筒，使滚筒带动车轮转动，在 2s 后测取车轮阻滞力。

13) 采取加三角垫块或牵引方法防止机动车移动。

14) 测量制动力增长全过程中的左、右车轮制动力差和各轮制动力的最大值，并记录左、右车轮是否抱死。

15) 读取并打印检测结果。

16) 升起举升机，驶出已测车轴，驶入下一车轴，按上述方法检测轴荷和制动力。

17) 当与驻车制动器相关的车轴在制动试验台上时，检测完行车制动性能后应重新起动电动机，在行车制动器完全放松的情况下用力拉紧驻车制动杆，检测驻车制动性能。

18) 所有车轴的行车制动性能及驻车制动性能检测完毕后，升起举升机，汽车驶出制动试验台。

3. 诊断方法

根据检测结果，对照台试检验制动性能的诊断标准判断该机动车制动性能是否符合要求。

用平板式制动检验台制动试验台检测制动性能

1. 检测仪器设备准备

平板式制动检验台、在用车一辆。

2. 检测步骤

1) 将制动试验台指示与控制装置上的电源开关打开，按使用说明书的要求预热至规定时间。

2) 核实汽车各轴轴荷，不得超过制动试验台允许载荷。

3) 检查并清除汽车轮胎上粘有的泥、水、砂、石等杂物。

4) 检查汽车轮胎气压是否符合规定，否则应充气至规定气压。

5) 对制动试验台指示装置进行校准。

6) 制动试验台平板表面应干燥，没有松散物质及油污，平板表面当量附着系数不应小于 0.75。

7) 驾驶人将机动车对正平板试验台，以 5~10km/h 的速度（或制造检验台厂家推荐的速度）行驶，将变速器置于空档（对于采用自动变速器的机动车，可将变速器置于 D 位），急踩制动踏板，使机动车停止，测取台试检验台所要求的制动性能参数。

3. 诊断方法

根据检测结果，对照台试检验制动性能的诊断标准判断该机动车制动性能是否符合要求。

参 考 文 献

[1] 公安部道路交通管理标准化技术委员会. 机动车安全技术检验相关标准汇编 [M]. 北京：中国标准出版社，2004.
[2] 宋福昌，等. 汽车传感器识别与检测图解 [M]. 北京：电子工业出版社，2003.
[3] 张建俊. 汽车检测与故障诊断技术 [M]. 北京：机械工业出版社，1999.
[4] 刁毓亮，等. 汽车底盘构造与维修 [M]. 北京：中国劳动社会保障出版社，2011.
[5] 张爱民. 汽车性能检测与评价 [M]. 北京：人民邮电出版社，2009.
[6] 李军. 汽车使用性能与检测技术 [M]. 北京：人民交通出版社，2002.
[7] 麻友良. 汽车电器与电子控制系统 [M]. 北京：机械工业出版社，2004.
[8] 李东江. 汽车电控系统故障检修 [M]. 北京：机械工业出版社，2001.
[9] 李洪港. 四轮定位检测与调整 [M]. 北京：人民交通出版社，2003.
[10] 于志友，等. 汽车检测与故障诊断 [M]. 北京：机械工业出版社，2013.